運動場上學到的9堂經濟學

史丹佛教授剖析球星身價、球場黃牛、運動簽賭背後的市場法則

An Economist Goes to the Game

How to Throw Away $580 Million and Other Surprising Insights from the Economics of Sports

Paul Oyer

保羅・歐耶爾——著　張明心——譯

目錄　CONTENTS

前言　用經濟學家的眼光看比賽

一九九七年六月十三日晚上，全世界上千萬人緊盯著電視，NBA總決賽第六場比賽還剩最後二十八秒，對決的隊伍是已在賽季中以三勝兩敗成績領先的王朝球隊*——芝加哥公牛隊（Chicago Bulls），以及一直辛苦奮戰的猶他爵士隊（Utah Jazz）。雙方比數平手，公牛隊球員集合在一起，計畫接下來用以取得領先與NBA總冠軍的戰術。

公牛隊球星麥可．喬丹（Michael Jordan）事後回想道：「當菲爾〔公牛隊教頭菲爾．傑克森（Phil Jackson）〕計劃最終戰術時，所有場館裡的人、電視機前的觀眾都知道會交給我。」喬丹是當時聯盟裡最厲害的球員，甚至或許是NBA史上最出色的球員，他在第一場總決賽中以最後一秒的絕殺為公牛隊奪得勝利。根據其中一位隊員的說法，當時的戰術是「球給喬丹，然後閃開。」1

當暫停結束，重回場上時，喬丹持球往籃框的方向切入，似乎要投籃，但是卻被兩位爵士隊球員上前包夾，於是他將球傳給史蒂夫．科爾（Steve Kerr）。科爾現在是另一支王朝球隊的總教練〔二〇一〇年代的金州勇士隊（Golden State Warriors）〕，當時是不錯的NBA後衛，最廣為人知的就是他是一名神射手。拿到喬丹傳的球之後，科爾在中距離跳投得分，讓公牛隊取得不會輸球的領先分數。

摩洛哥出生的中距離短跑選手拉希德．拉姆齊（Rashid Ramzi）在入籍巴林後，為該島國的一百萬人帶回體育界的榮耀。二〇〇五年，於赫爾辛基舉行的世界田徑錦標賽（IAAF World Championships in Athletics）中，拉姆齊就在八百公尺與一千五百公尺項目奪得金牌，橫掃田徑界。更重要的是，他在二〇〇八年北京奧運田徑一千五百公尺項目中，為巴林拿下第一面奧運金牌（同時也是巴林獲得的第一面奧運獎牌）。但是這樣的榮耀並未持續太久，拉姆齊在二〇〇九年再次藥檢後，必須繳回金牌，因為他的血液採檢樣本中顯示，曾

* 譯注：指NBA能連續拿到三次以上總冠軍的球隊。

使用紅血球生成刺激劑（EPO-CERA）。紅血球生成刺激劑是一種禁藥，原本是用來幫助有腎臟疾病的患者，但是自由車選手、短跑選手及其他運動員也會使用這種藥物，促進生成額外的紅血球。[2]

二十三歲的南韓選手李晶恩在二〇一九年六月的高爾夫球場上嶄露頭角，贏得美國女子公開賽與一百萬美元獎金。她稱呼自己為「李六」（Lee6），是因為在南韓舉行的美國女子職業高爾夫協會（LPGA）巡迴賽中有太多姓李的選手，以至於很難記清楚所有人的戰績。李六的勝利，再度成為南韓在女子高爾夫球場上稱霸的里程碑之一。[3]

這三個事件看來只是隨機的運動新聞頭條與焦點報導，無疑為公牛隊、拉姆齊（至少在一開始）、李六及他們各自的粉絲帶來快樂與熱血沸騰，但在這些例子中有一個共同的線索，隱約串連這些事件：我們可以從經濟學的角度看待全部的例子，甚至可以說每件事都是因經濟學而起。在這三個例子裡，經濟學的力量驅動這些參與者的選擇和策略。看喬丹打球賞心悅目，但是他傳給科爾的球顯示喬丹也掌握「賽局理論」（Game Theory），拉姆齊一生致力於成為傑出運動員，但在某個時間點，他發現只有在「囚徒困境」（Prisoner's

Dilemma）中讓步，才能在運動項目裡獨占鰲頭；李六的百萬獎金發薪日，則是因為她的成長背景在一個高儲蓄率的國家，而且女性在勞動市場的機會有限。

ESPN體育台並不會解釋這些事件是自然的經濟學結果，不過因為我在李晶恩出生前就已經研究並教授經濟學，我相信所有偉大的運動員（至少大多數的運動員）和運動迷也是很厲害的經濟學家，他們必須理解如何做投資、如何選擇策略，以及如何處理區分贏家與輸家之間的抵換（trade-off）。

用新的眼光看待各項運動賽事

我再怎麼努力也不可能成為喬丹，但是如果喬丹沒有理解戰術，就不可能無庸置疑地成為史上最偉大選手，而這些戰術是仰賴經濟學的原理。他必須知道再一次直殺籃下的代價多過於利益，在其他條件相同的情況下，喬丹應該試著每次都投籃，因為他是場上最厲害的選手；但是並非其他條件都相同，在均衡的情況下，對手會嚴守喬丹更勝於科爾，如果他們知道喬丹每一次都會投籃，爵士隊場上的五位選手一定會進行包夾。公牛隊必須適時運用喬丹的技能，才能發揮最大的效益。自己投籃與傳球給科爾，這樣的抵換就是一個經濟學的決定，而喬丹透過無數次的練習、執教及比賽經驗，知道如何呈現最佳結果。

拉姆齊也擁有過人的體育天賦，透過完整全面的訓練，他成為世界上最厲害的跑者之一。但是這樣可能還不夠；他無法光靠天賦與努力就獲得金牌，他面對強烈的誘因而使用禁藥，讓自己獲得需要的額外補給。雖然最後被抓到使用禁藥而蒙羞，但他是冒著理性的風險來取得龐大的經濟學報酬（payoff），無論是金錢或名聲。而且因為所有的頭號勁敵都使用禁藥，因此如果想要取得領先地位，他也別無選擇。

李六同樣也是強勁經濟力量的產物，她在一個教育體制相當競爭的國家長大，孩童時期重視技能發展，而有才華的女性在勞動市場裡的機會有限。因此她把投資重點放在發展高爾夫球技巧，這是極具風險的賭注，但並沒有白費。

經濟學不會讓你變成偉大的網球或足球選手，卻可以解釋一些運動迷每天在詢問的問題。我是否應該鼓勵孩子嘗試取得大學的體育獎學金（貨真價實的，而不是買來的）？為什麼一流的體育人物可以賺這麼多錢?為什麼即使球員可能會受傷或停止打球,但NBA球隊還是與球員簽訂複數年合約,保證他們每年有上百萬美元收入?為什麼棒球投手要連投兩次一樣的球?混發不同的球種不是才可以擾亂打者嗎?

除了處理這些關於比賽的問題外,我也希望可以闡釋公共政策的一些面向。為什麼城市要使用公共經費興建體育館,通常還有鉅額的成本超支,但同樣也是這些城市卻無法提供基本服務?賣黃牛票的人是好是壞?為什麼不能以合理價錢購買一張季後賽門票?

在過程中,我們會接觸到人生裡同時受到體育與經濟學影響的人。鮑比.埃斯特拉(Bobby Estalella)是在美國職棒大聯盟(MLB)中吊車尾的捕手,他使用非天然藥物才能勉強待在大聯盟;艾咪.史帝芬斯(Amy Stephens)是在亞特蘭大郊區學校的老師,一個偶然事件迫使她改變那個晚上的娛樂計畫,卻從此建立票券帝國;蒂娜.維拉瑟(Tina Weirather)是高山滑雪選手,依照人口平均計算,更是來自世界的體育強國(也是製造假牙的大國)。這三個人中的每一人都根據經濟力量,對放在眼前這個機會的成本與效益做出選擇,當原先成功的競爭市場朝向嶄新、更具挑戰性的方向演化時,他們全都必須調整計畫。

儘管希望本書可以讓讀者對運動經濟學的學術面更有興趣，不過這並非我的主要目標。身為喜愛觀看與從事體育項目的經濟學家，我主要是撰寫從事這些活動時的經濟學。本書是寫給業餘或專業的運動迷或運動選手，我並未著重在財團老闆及其他藉由體育賺錢的人，例如廣播電視公司、經紀人與廣告商，除非他們的決定會影響運動迷和選手。

大多數時候，體育應該是有趣而紓壓的。我理解並非每個人對經濟學的感受也是如此，不過希望你們可以開始發現，當我們到球場的中外野露天看台、轉播室、比賽場地及其他場館時，經濟學同樣也有有趣的一面。就像你不需要在體育館裡待上無數個小時才能欣賞喬丹（或科爾）的跳投，也不需要理解複雜的等式，就能享受探索經濟學帶給你的見解。

而且可能，只是可能，你將不會再用同樣的眼光看待比賽。

第一章

我該不該
讓孩子成為運動員？

——「消費財」與「投資財」的觀點

四月午後，陽光籠罩的胡佛公園（Hoover Park）裡，恆集貨卡車租賃公司棒球隊（Hengehold Truck Rental）最後一次站在帕羅奧圖小聯盟（Palo Alto Little League）開幕戰的球場上。美生會棒球隊（Masonic Lodge）由於在第四局出現大概十五次的失誤，目前落後，正上場準備以最後一棒拿回領先。一、二壘有跑者，這支球隊的明星球員大步走向本壘。

氣氛變得越來越緊張，在挖鼻孔的恆集貨卡車租賃公司棒球隊隊外野手不超過兩人。許多坐在搖晃觀眾席看台上的家長抬起頭，目光從手機上移開。投手舉起手臂，投出一記紅中快速球……然後大衛．歐耶爾（David Oyer，我當時十二歲的兒子）將這顆球轟出左外野，揮出致勝的全壘打。他依序跑完所有壘包，就如同任何一個有自信的小聯盟球員會做的事，手握成拳在空中揮舞著，彷彿剛贏得美國職棒世界大賽（World Series）。隊友在本壘簇擁而上迎接他，美生會棒球隊贏得當年度第一場球賽。

這場球賽仍是大衛身為青少棒明星球員短暫生涯中的經典時刻，他和我都一直記得那個時刻，一切彷彿還只是昨天。大衛當時的運動員光彩在小聯盟的最後一個賽季達到巔峰，而我就像所有過度投入的父親一樣，極度以孩子的運動成就為榮。大衛在接下來的日子裡也鐵定會記得第一次站上投手丘的樣子，當時九歲的他將另一個孩子三振出局，而對方最後成為史丹佛大學（Stanford University）的投手，還是有潛力成為職業選手的菁英球員。這就好像我永遠不會忘記棒球生涯中唯一一記全壘打，當時我在紐澤西州納特利（Nutley）小聯盟裡的Park ShopRite球隊，那是我漫長球隊時光的最後一年。

現在是律師的大衛，他和我並不是唯二在緬懷這些時光的人，青少年體育對許多人來說都是值得珍藏的回憶，只是很多人不願意承認。其實一個原因當然就是，體育是有趣的，而理性的人類會把效用極大化，選擇做能帶給他們最多幸福的事。在年輕時從事體育活動，就像看電影或去遊樂園，會增加許多人的效用。人們在運動參與上「消費」，是因為他們享受參與這些體育活動。

但是這裡有第二個可以思考的地方：青少年體育可以協助發展技能，例如協調能力、團隊合作能力及決策能力。想想一個八歲的籃球後衛需要學習如何運球、指揮進攻策略，以及在每次持球時選擇要傳球給哪個隊友，同時也要明白即使認為自己是隊上最厲害的球員，如果每次在場上都投籃，所屬球隊就不會贏得比賽。打籃球可能會讓他更聰明、身體更敏捷，也更有社交能力，這些寶貴的技能應該會造就他未來的成功與幸福。考慮這些因素後，把子女送到球隊裡的家長，是將組織性運動視為「投資」。因此青少年體育同時是兩種財貨：消費財（consumption good），如一罐汽水或一本雜誌；以及投資財（investment good），如一支股票或大學教育。

孩子該花多少時間運動？

人們常常以為經濟學就是研究金錢，其實不然，經濟學是在研究**稀有資源**。如同社會需要了解如何最佳運用水、肉及潔淨空氣等稀有資源，人們必須決定如何消費他們有限的時間、金錢和精力。當我們在思考孩子應該花費多少時間投入運動時，就會遇到一個經濟學的問題。

青春是你能擁有資源裡最珍貴的，要有效率地運用這段歲月，就需要一邊為接下來的人生做準備，一邊玩得過癮，免得之後懊悔地回首這段時光。如果不能在任何一方取得平衡，就可能會造成長遠的後果：有些人在高中時期蹺課吸毒，或許當下很快樂，卻很可能在之後的人生付出代價；有些人為了努力就讀大學先修微積分，總是回絕派對邀請，卻可能在成年後懊悔蹉跎青春。

有鑑於此，青少年體育總是超乎想像的昂貴。足球、曲棍球棒、場上時間、接送比賽的油錢等成本加總起來，絕對是一筆可觀的數目，但是和沒有把時間花費在從事其他事情的「機會成本」相比，看起來就微不足道了。

孩子花費在練習足球的每個下午，就是沒有讀書的下午。讀書是更能直接獲得報酬的活動，可以直接反映在進入好學校、成年時賺更多錢、能購買更大的房子，以及負擔未來子女的教育。另一方面，將下午的時間用來念書，他就會放棄踢足球的機會——可以讓他玩得開心、發展生活技能，又可以強健體能的活動。就算把這個問題縮減到只剩這兩種選擇，仍舊忽略其他的選項：他可以學鋼琴、獲得寶貴的睡眠幫助成長並維持健康，也可以只是開心地玩樂高（Lego）或看《海綿寶寶》（*SpongeBob*）卡通。因此，青少年體育就像其他兒時的休閒活動，以「機會成本」來說非常昂貴——孩子在擁有珍貴又短暫的幾年中，可能可以擁有另一種體驗，同時享受童年與投資未來。

你可能認為經濟學家可以進行一些精明的研究，看看孩童時期從事運動（組織性運動或其他體育活動），是否會導向未來在勞動市場上的成功，但是其實這樣的研究並不容易。要決定青少年體育是否會在勞動市場上獲得報酬，最理想的方式是隨機指定兩組孩子，讓其中一組孩子從事運動，並禁止另一組孩子做運動。然後當這些孩子長大時，看看哪一組賺較多錢。

如果研究顯示，在童年從事體育活動的成年人賺較多錢，每個人都可以信心滿滿地說：「投資青少年體育可以帶來財務報酬。」不過雖然隨機實驗在社會科學上越來越普及，但是在青少年體育中，沒有人做過採用隨機實驗的研究，我也認為不會有人這麼做。經濟學家可以做結論性研究，例如獲得越多教育的影響、在富裕社區裡長大的影響，以及其他因子的影響，卻尚未找到任何可靠的「自然實驗」來研究青少年的運動參與。

童年參加團體運動，平均薪資會多六%？

話雖如此，經濟學家還是運用手上的數據，盡了最大的努力。幾項研究顯示，童年從事較多運動的人，長大後會賺較多錢。一項研究以二十幾歲的美國人作為樣本，在其他因素不變的情況下，在高中時期參與組織性運動的人，平均薪資多六%。[1]最近一項關於德國青少年的研究同樣顯示，從事青少年體育的人有較好的工資與勞動市場成果。[2]不過即使這些結果耐人尋味，我們仍須謹記統計學概論的箴言：相關不等於因果。儘管從事這些研究的經濟學家做了所有努力來控制其他變因，卻仍舊不能清楚地將因果關係與相關性分開。同時也有另一個似乎合理的解釋認為，在孩童時期從事運動不會有助於之後的職涯。

例如，我們從大衛的全壘打勝利中得到的快感，並不僅限於小聯盟的比賽；大衛和我都是好勝的人，大概不管做任何事，我們都會統計獲勝與失敗的數字來衡量成功。在客廳觀看美國益智節目《危險邊緣》（*Jeopardy!*）是我和大衛熱衷的活動，我們會仔細記錄分數，還充斥著好幾次「我先說出答案的！」的叫喊。我們都從事許多青少年體育項目，但是組織性運動並未讓我們變成好勝的人，因為我們本來就是如此。或許是如此好勝的天性帶來勞動市場的成功，也或許是這樣的天性讓我們對青少年體育感興趣，但是在經濟學家的分析中無法衡量這個因素，研究人員沒辦法指出好勝心是否為這些結果的原因。

這些研究的結論是，在孩童時期從事運動可能會為接下來的人生帶來好處。每一項研究都發現青少年體育與薪資的相關性，青少年體育活動增加，薪資越高。但是如果說有影響的話，其實影響很小。其中一項近期研究是關於美國青少年體育活動參與度的數據，與先前的研究一致，該研究發現從事運動的孩童會獲得更多教育，在接下來的人生得到更高薪資，而且身體更健康。不過經濟學家的結論也表示，這些關係幾乎是因為參與運動的孩童和不參與運動的孩童不同，而且無論從事運動與否，孩童運動員都比較成功也比較健康。[3]如果在乎的只是在勞動市場上的成功，更妥善運用時間的方式可能是念書，而不是長時間的運動訓練。

對家長而言，這樣的解釋很直接明瞭。對大多數的孩子來說，從事體育活動可能對未來只有些許助益或一無所獲。以投資而言，從事體育活動也很難證明什麼，如果你的孩子不愛運動，不要強迫他們。但是對許多孩子來說，青少年體育提供許多簡單的「消費價值」（consumption value）。孩子真的很喜歡運動，又因為童年無法倒帶，所以有很好的理由讓他們為所欲為。經濟學家的重點建議很簡單：讓你的小孩當一個小孩，想運動就運動。

體育＋大學教育，將帶來可觀的回報

如果體育對美國小孩來說有任何投資價值，這個價值可以簡單濃縮成兩個字：大學。大學能讓青少年體育以四種主要方式呈現財務上的回報。

第一種也是最直接的一種方式，是極具天賦的孩子成為大學的明星運動員，之後走上職業運動員之路，但這種情況極為罕見。

第二種可能的方式在《紐約時報》（*New York Times*）上說得很清楚。這篇文章是關於麥特．史考倫（Matt Skoglund），他的經驗可能會讓你認為大學可以讓青少年體育有所回報，即使你從未以運動員的身分賺過一毛錢。

史考倫在美國自然資源保護委員會（Natural Resources Defense Council）擔任將近十年的律師，在蒙大拿州波茲曼（Bozeman）的辦公室裡掌管北洛磯山脈的營運事務。[4]他並不像其他大都市的律師一樣日進斗金，卻有著自己想要的生活方式，為了他相信的目標，從事自己夢想中的工作。這樣的生活都是因為曲棍球而化為可能，大概如此。

當史考倫在就讀高中時，他是《紐約時報》其中一篇文章的焦點，著重在體育對大學入學的價值。[5]出生於芝加哥郊區的史考倫，當時就讀康乃狄克州著名的寄宿學校——喬特羅斯瑪麗中學（Choate Rosemary Hall），當時已經十二年級（最後一年）的他，學業性向測驗（SAT）成績中等，比其他考上明德學院（Middlebury College）的學生平均成績低很多，但是明德學院的曲棍球教練卻將史考倫列入球員名單。史考倫表示：「曲棍球球員的身分給我取得一流教育的機會。」研究結果也支持他說的話。一項研究認為，名校大學入學委員會給予體保生的優勢，相當於在SAT考試上多加兩百分。[6]

因此史考倫就讀更優秀的明倫學院，而不是如佛蒙特大學（University of Vermont）或森林湖學院（Lake Forest College）之類的學校。[7]以明倫學院為起點，申請到伊利諾大學（University of Illinois）法學院，接著實習，並在一家頂尖的芝加哥法律事務所擔任兩年的訴訟律師，之後才前往洛磯山脈。如果他當初就讀其他學校，可能最後會考上排名較低的法學院，並在較不具威望的地方實習，而夢想中的工作可能就會遙不可及。

是否真的如此？沒有人知道。我們永遠無法得知假如史考倫就讀其他學校，另一條人生道路會帶他前往何處。「相關不等於因果」這個評語就符合史考倫的狀況，也符合本書前段所討論的青少年體育研究。曲棍球幫助他上了更好的學校，但是研究並不包含就讀一所好大學就會有長期正面的效益。平均而言，在勞動市場上，就讀哈佛大學（Harvard University）的人與就讀麻州大學（University of Massachusetts）的人相比，前者表現得較好。然而，哈佛大學錄取的學生早就已經在成功的快車道上，我們無法從學生個人的特質中梳理出哈佛大學對他們的貢獻。

第三種方式就是透過大學獎學金。[8]在二〇一九年到二〇二〇年間，約有四十二億美元的大學獎學金分發給大概二十萬大學運動員，平均每個運動員拿到超過兩萬美元，表示約有一%的美國學生收到至少部分的體育獎學金。（將近四十萬大學運動員並未取得獎學金資助。）[9]

對一些孩子來說，大學獎學金是龐大的利益，但是只為了獎學金就投資一個孩子的運動天賦可能並不值得。首先，由於只有少數學生能領取獎學金，而大多數領到獎學金的學生也只拿到部分的獎學金，所以對任何一個可望成為運動員的學生而言，期望值很低。其次，大學教育的財務報酬（financial return）很高，對一般孩子來說，支付大學的花費是將來會有所回報的重大投資，與教育帶來的利益相比，從獎學金中存下來的錢是很少的。

這三個方式對投資青少年體育都不是特別具有說服力，只剩最後一個青少年體育可以有所回報的方式：青少年體育帶來的技能組合，加上大學教育，可以導向未來人生中更多的收入。我們絕對能找到例子來支持這樣的想法，例如史丹佛大學美式足球隊就有一項計畫，媒合選手與矽谷的公司及其他雇主，還有從頂尖大學的袋棍球隊到華爾街的一條龍計畫，該計畫相當具有影響力，有一篇文章甚至聲稱：「在履歷表上寫到袋棍球，就是畢業生能進軍金融世界的主要優勢。」[10]這樣的邏輯來自兩個因素的組合：首先，體育提供隊友、競爭對手及粉絲這樣的人際網絡，彼此促進職涯發展；其次，讓一個人成為明星跑鋒或袋棍球防守員的訓練，也會讓對方成為優秀的顧問或交易員。

如果體育與大學綜合起來看似可以讓人賺更多錢，而且假使許多小故事也支持這樣的想法，是否因為預期之後的財務利益，就表示你應該鼓勵子女從事體育活動？

有一件事很明確：如果從事體育活動可以讓孩子待在學校，並讓他們更有機會上大學，青少年體育單就金錢方面可以是合理的。如同我提到的，眾所皆知，接受越多教育，收入會越高。一項研究顯示，相較於居住距離大學較遠，且無法負擔高等教育的低收入青少年，可以通勤就讀大學的低收入青少年，能節省住宿支出，生活也過得較好。另一項研究針對幾組接受不同教育程度的同卵雙胞胎，發現他們的收入與念多少書有關。第三項研究則是以美國學生作為樣本，這些學生就讀的州允許青少年在一定年齡就可以從高中休學，結果顯示，那些因為出生日期而被迫多留在學校一年的學生，和其他可以跳過那額外一年的同儕相比，賺取的平均薪資較高。[11]其他精心設計的研究囊括許多國家與世代，研究結果都相同。抱持懷疑態度的人當然可以絞盡腦汁地提出這些研究中的干擾因子，但是證據在在顯示，接受的教育越多，**導向**收入越高。

最重要的是，青少年體育大概真的幫助一小部分卻不平凡的美國小孩獲取更多又更好的教育，比他們原先可能擁有的教育來得好，而這樣的教育在他們人生後期就會得到回饋。

假如曲棍球讓史考倫可以比原先擁有的機會再念更多年的書（例如，倘若曲棍球讓他錄取明德學院，而進入明德學院讓他可以考上法學院），曲棍球就改善他的職涯。

如果你的孩子是KD杜蘭特？

我住在帕羅奧多（Palo Alto）附近，看到許多家長鼓勵子女從事運動，但是並未幻想這些孩子會以職業運動員的身分維生。這些家長著重在孩子的正規教育，主要有兩個原因。

首先，這些孩子的家庭背景讓他們能在頂尖美國大學中有傑出表現，也極有可能繼續攻讀研究所。這些家長有足夠的理由認為，他們的孩子可以隨著教育，不偏離軌道地邁向美好的人生旅途：相對高收入、低失業風險、比平均更好的健保及其他福利。

其次，雖然在這些孩子之中，有許多人的體育表現傑出，但還是只有少數人擁有能在職業運動裡脫穎而出的天分，有些「選擇價值」（option value）依然存在，就是任何一個孩子可能會運用其中等運動基因，發展成技巧熟練的運動員。但是到了某個時間點，通常是在孩子上高中前，大家就可以明顯看出，這孩子永遠也不可能像勒布朗．詹姆士（LeBron James）、萊納爾．梅西（Lionel Messi）或塞雷納．威廉絲（Serena Williams，即小威廉絲），那樣地跑步、跳躍、投籃或踢球（雖然孩子可能需要較多時間才能理解）。郊區裡有天分的孩子通常只是娛樂性質地打球，創造記憶，以及（可能）有一點社會化與紀律的好處。

不過，如果你的孩子是凱文．杜蘭特（Kevin Durant）呢？杜蘭特在一九八八年出生於華盛頓特區的勞工階級家庭，和其他在帕羅奧圖小聯盟的孩子相比，他的童年非常不一樣。母親汪達．普拉特（Wanda Pratt）相對而言是受過教育的〔她最後取得斯特雷耶大學（Strayer University）理學學士學位〕，但在杜蘭特出生不久後，她就成為帶著兩個孩子的單親媽媽。杜蘭特由母親和祖母撫養長大，雖然生活不是絕對的貧困，但也不是很有物質享受，或是有許多職業發展的機會。[12]

杜蘭特的童年專注在籃球上——當然一定需要犧牲一些上學的時間，但是顯然這樣的投資有所回報，因為杜蘭特如今在NBA的薪資與代言，讓他每年賺進約七千五百萬美元。但有像杜蘭特這樣孩子的家長是否就可以保證，決定花費時間、精力與金錢資源在孩子的籃球未來是正確的？當然，回過頭來看，杜蘭特和家人做的投資是很不錯的決定，但他們當時是明智的嗎？

一個典型的帕羅奧圖孩子**不**該專注在體育生涯的兩個主要原因，對杜蘭特來說並不適用。首先，來自一個相對劣勢的背景，身為黑人男性，面對結構性種族主義與歷史上也受到歧視的勞動市場，杜蘭特在籃球之外的職涯並不樂觀。不到二〇%的非裔美國人從大學畢業，[13]有全職工作的工作年齡黑人賺取的平均年薪是四萬三千美元（普通大學畢業生收入的一半），但是只有大約六〇%的黑人男性從事全職工作，其他四〇%的黑人男性收入更少，甚至是零。來自沒有太多資源的家庭背景又進一步侵蝕杜蘭特的勞動市場展望，如同經濟學研究顯示，在美國，向更好生活水準發展的經濟流動（economic mobility）緩慢，對非裔美國人來說更慢。一項近期的研究發現，美國黑人「與白人相比，向上流動率極低……導致世代持續落差。」[14]因此在杜蘭特出生的社會裡，與經濟寬裕的白人家庭相比，杜蘭特的家人可能理性預期籃球對他是有著更高價值的出路。其次也更重要的是，杜蘭特展現運動能力，而且在很年輕時就長得特別高。

儘管如此，杜蘭特和家人仍需決定他必須投資籃球，而這樣的決定肯定需要付出學校教育的代價。他的教父回憶當初詢問杜蘭特：「這是你真的認真想做的事嗎？好吧！那我們要付出很大的努力。」他要杜蘭特每天都練球，並且閱讀相關籃球叢書，還要求他「寫五百遍跳投的六個步驟。」他補充道：「不過大部分來說，這些都是不斷地重複練習。」[15]

在高中第三年，杜蘭特長到六呎八吋（約兩百零三公分），光是這一點就改變了以打籃球謀生的機會。[16]他的身高保證至少會高於美國男性平均身高四個標準差〔他最後長到六呎十吋（約兩百零八公分）〕，也讓杜蘭特比九九．九九％的男性還高：擁有如此身高的男性是萬分之一。

用數學計算ＫＤ杜蘭特的成功機會

我們來計算一下數學，看看杜蘭特的機會。杜蘭特在高中時，全美約有三十二萬個出生於一九八八年的非裔美籍男孩，在這些男孩之中，根據數據，大概有四十五人會達到六呎八吋的身高（杜蘭特當時的身高也是ＮＢＡ選手的平均身高）。[17] 雖然杜蘭特和家人在他就讀高中時不可能得知這個數字，但是共有五十個出生於一九八八年的黑人男性，最後都在ＮＢＡ裡打上幾分鐘的球，其中二十一位球員在二〇一五年到二〇一六年賽季擁有保證合約，這是他們職涯的巔峰，而有八位至少六呎八吋高。有鑑於在大約四十五位於一九八八年出生的黑人男性裡，有八位有如此身高的人擁有高額ＮＢＡ合約，其他人在ＮＢＡ待了一段時間，另外一些人則是在海外打籃球，賺取不錯的收入，從這樣看來，一個有運動能力、努力勤奮，又長得和杜蘭特一樣高的孩子，要以打籃球維生的機率看起來挺不錯的。

然而請注意，只要一個想打ＮＢＡ的人身高不超過六呎（約一百八十三公分），這樣的計算結果就會大幅改變。幾乎沒有任何一個ＮＢＡ球員會這麼矮，而且因為許多人都差不多六呎高，在這些六呎高的人中，要登上ＮＢＡ殿堂的比例基本上就是零。

另一個要注意的重點則是，儘管杜蘭特出身卑微，但是也沒有人可以確定除了籃球外，他的機會是否也會因為背景因素而受限於低收入的工作。有鑑於他很努力地發展籃球技巧，這樣看來，也可以很有把握地說，他具有非比尋常的工作倫理態度，讓他也可以在其他領域獲得成功。再者，他顯然非常聰明，也對教育有興趣——雖然他在打完第一年賽季後，因為是NBA選秀榜眼而離開德州大學（University of Texas），但在非賽季時卻持續努力進修，獲得學位。[18]因此，他也可能接受良好教育，並在其他領域有一番成功的事業。儘管在其他領域要賺到和打籃球一樣多錢的機率大概是零，但是就算他並未預期自己會賺取現在的收入，對一個家庭條件有限、身高六呎八吋的孩子而言，投入時間與精力在籃球上看來是不錯又合理的風險。

如果我們擴大範圍來看，包含整個杜蘭特出生世代的人，大約有三十二萬個黑人男性在一九八八年出生，將近三百人曾在某些時刻於NBA或國家美式足球聯盟（NFL）出賽，而僅有不到兩百人出現在二〇一五年秋季的NBA或NFL名單中。（我只關注那一年，因為當年有完整的運動員及美國人口資料可以研究。）來自這個世代的孩子，長大要成為職業運動員的機會非常渺茫（大概是千分之一），但機率並不像中百萬美元樂透那麼微小。當我們只看那些在高中時期就嶄露天賦的人時（這個時期是專心發展體育項目會開始需要支出較多成本的時間點），這個機率看起來就會合理許多。

成功的報酬呢？如同你可以想像的，報酬極高。[19]二〇一五年，一九八八年出生的非裔美籍男性收入中位數是一萬五千六百美元，而平均收入則比兩萬美元高一點。二〇一五年NFL賽季和二〇一五年到二〇一六年NBA賽季，一百八十四個出生於一九八八年的非裔美國人都或多或少出現在球隊名單上，總共賺進四億一千萬美元薪資，這個數字還不包含代言費，但也尚未扣除經紀人的分紅（在NFL與NBA中是三%到四%）。這樣的計算結果導向一些驚人的結論：

一、**在一九八八年出生的美國黑人男性賺取收入中，有六%到七%是NFL與NBA選手。**這顯示在這個群組中，前〇・一%賺取收入占該群組總收入的比例，就如同前〇・一%的美國人賺取收入占全美總收入的比例。[20]

二、包含代言收入，在超過三十萬個出生於一九八八年的非裔美籍男性總收入中，**杜蘭特的年收入占了將近一%**。

三、NFL球星傑拉德・麥考伊（Gerald McCoy）與勒尚恩・麥考伊（LeSean McCoy）

（兩人並無血緣關係）的收入，在所有出生於一九八八年的非裔美籍男性總收入中各占約〇．五％。

我的重點放在二十七歲到二十八歲的男性，因為他們的年紀夠資深到可以簽訂高額合約，但是只有少數人已屆退休年齡。我並未找到任何證據顯示，有其他出生於一九八八年的黑人男性賺取八位數的收入。[21]

決定運動員能否脫穎而出的重要因素

雖然數據明確顯示，投資運動對小部分來自不同文化背景、體育天賦異稟（且身材高大）的孩子是合理的，但務必要注意的是，無論是身高或除了籃球之外的其他職業選擇，杜蘭特都是一個極端的例子。另外兩位出生於一九八八年的黑人男性也登上ＮＢＡ菁英的殿堂，但他們在身高或其他職業選擇的方面並未特別突出。

羅素·衛斯特布魯克（Russell Westbrook）和杜蘭特一樣出身卑微，父親在他年輕時就灌輸對籃球的愛，衛斯特布魯克也花費很多時間鍛鍊籃球技巧。但是在高中時期，當大學開始招募選手時，衛斯特布魯克的身高還不到六呎，投籃也不是特別神準，父親建議他要「加倍努力」。[22]這樣的策略有所回饋：衛斯特布魯克長到六呎三吋（約一百九十公分，夠高大了，但以ＮＢＡ標準而言還是算矮小），而且成為全方位的傑出球員。不過即使父親提出的建議最後有了不錯的回饋，但是對於其他和衛斯特布魯克有一樣背景的孩子而言，在十五歲時較好的建議，應該還是在教室裡比別人更努力，而不是在球場上。

史蒂芬·柯瑞（Steph Curry）也是很晚才長到六呎三吋高，大學期間都還是很矮又瘦小。然而，與衛斯特布魯克及杜蘭特不同的是，他是前任ＮＢＡ球員戴爾·柯瑞（Dell Curry）的兒子，在家境富裕的環境中長大。經濟學家賽斯·史蒂芬斯—大衛德維茲（Seth Stephens-Davidowitz）曾表示，在ＮＢＡ選手裡，來自相對富裕環境的非裔美國人（如柯瑞）太多了。[23]雖然許多ＮＢＡ球星出身資源有限，仍成為超級球星，例如杜蘭特或衛斯特布魯克，但仍許多人有著富裕的童年，例如柯瑞。對於像杜蘭特這樣的孩子來說，體育以外的其他出路並不吸引人，這也是他們專注於此的原因，但是他們也要面對現實：富裕背景的孩子比他們更可能擁有專業的教練與良好的設備。

杜蘭特的家人做出好決定，為了杜蘭特在籃球上投資，而帕羅奧圖的家長也一樣，投資在孩子的正規教育上。問題是，哪裡才是分界點？誰可以證明全心全意投入在體育上是正確的？

先前提到的兩個重要特點：成功成為職業運動員的極高可能性，以及其他職業領域的前景不吸引人，要找到另一個結合這兩個特點的群組，而且這個群組還要符合背景平凡，但是身高特別高，或（專為NFL而生）特別健壯、速度極快的男性，其實是非常困難的。

高挑的黑人女性在國家女子籃球協會（Women's National Basketball Association, WNBA）中也相當常見，比例極高，但是在WNBA成功的財務價值與男子比賽相較卻很低。杜蘭特的收入幾乎是所有一九八八年出生的黑人男性賺取收入的一%，但WNBA選手的收入在同樣出生年分、同樣種族女性的收入中所占的比例，卻沒有任何一人占〇．〇一%。

多明尼加的棒球選手在美國職棒大聯盟裡人數過多，而來自塞內加爾的足球選手在法國足球甲級聯賽（French Ligue I）的比例也偏高。這些人在他們的國家中絕對只有有限的財務前景，但是和預測未來的ＮＦＬ或ＮＢＡ球星不同，要在這些選手年輕時就分辨出誰會成為偉大的選手相當困難。在棒球或足球項目裡，那些身材突出的人並沒有如此明顯的優勢，只有少數看起來像是社區裡球星的孩子會收到支票（或甚至是大學獎學金），繼續從事運動。

遺憾的是，並不是每個人都了解成功的可能性很低。有些父母被成為星爸、星媽的幻想蒙蔽雙眼。《紐約時報雜誌》（*New York Times Magazine*）的文章就描述，一些富有的中國家庭為了頂級高爾夫球訓練設施，在整個國家內奔走。而他們三歲的兒子謝承峰就在這些頂級的場地裡，藉由父母、教練、家教及其他大人的協助與鼓勵，開始不斷練習。這些大人的關注重點，都是來自於對的性價比。謝承峰的案例並非單一個案，案例數不多，但數量正在增加：富裕的中國家庭會投注令人難以置信的金額與時間，打賭子女有天會在職業高爾夫球員協會（ＰＧＡ）巡迴賽中賺取數百萬美元。[24]

謝家在謝承峰的高爾夫球職涯投資可能很極端，但是世界上有許多孩子，包含多明尼加首都聖多明哥（Santo Domingo）的游擊手、塞內加爾首都達卡（Dakar）的足球選手，以及在俄羅斯與塞爾維亞打網球的女孩，也都有著同樣的夢想。他們大多數的人在成年時會回顧過去，希望當初可以多花點時間為平凡傳統的人生做準備，但少數人（或甚至是謝承峰，他之後搬到南加州，在青少年高爾夫球循環賽上表現亮眼）會達到目標，並且激勵下一個世代在童年時光努力，好成為超級巨星。

第二章

為什麼捷克如此擅長女子網球？

——「比較利益」決定誰稱霸哪個項目

列支敦斯登是位於瑞士與奧地利之間的小國，在六十二平方英里（約一百六十平方公里）的土地面積中，只有三萬七千個居民，是不成比例的幸運國家。首先，列支敦斯登的公司稅率低，帶來世界上最高的人均國內生產毛額（Gross Domestic Product, GDP）。更棒的是，列支敦斯登沒有常備軍隊，所以和其他大國的國民相比，當地的納稅人可以保有更多資產，因為其他大國可能會有許多軍備支出。而且不知怎的，這個袖珍小國也成為全球最大的假牙製造者。

然而我們更感興趣的是，列支敦斯登是維拉瑟的家鄉，她是二〇一〇年代滑雪世界盃（World Cup）中速降賽（Downhill）與超級大迴轉（Super G）比賽的常勝軍。維拉瑟的母親是奧地利人，父親是列支敦斯登人，雙親都是世界盃滑雪選手，因此很早就在國際賽事中登場。她的排名在世界女子高山滑雪前十名左右徘徊，在二〇一八年冬季奧運拿下超級大迴轉賽銅牌。雖然在職涯中，她是列支敦斯登唯一一個登上國際殿堂的運動員，但是以人均基準而言，她讓列支敦斯登成為世界上最會培育體育人才的國家。

如果你知道要從何看起，列支敦斯登在全球體育項目的統計數據在紀錄上獨占鰲頭。該國在人均奧運獎牌國家的名單上創紀錄地名列前茅，贏得的九面獎牌全部來自高山滑雪賽事，也讓列支敦斯登的人均獎牌數比排名第二的國家——挪威，約多出三倍以上。中國與美國在許多項目中都大量產出很多的運動明星：中國每百萬居民贏得〇・四四九面獎牌，而美國的表現比中國好很多，人均獎牌數為每百萬人九・〇二面獎牌，但是這樣的結果與列支敦斯登每百萬人贏得兩百七十四面獎牌的數字相比，顯得失色許多。[1]如此的差異顯示，一個三萬七千人口的群體，每十年左右持續不斷產出一或兩位世界頂尖的滑雪選手，是多麼史無前例的事。不過列支敦斯登讓滑雪選手擁有比低稅率、非軍事化，甚至是假牙以外更具幫助的自然優勢：非常接近雪地與山林。

因為地理優勢，列支敦斯登可以享有比例極高的體育成功率。列支敦斯登是少數能將自然資源或策略投資（或兩者皆是）轉化為單一體育項目優勢的國家，如同挪威的越野滑雪、美國的籃球及東非的馬拉松在各自的領域占有優勢，也是很明顯的例子。

評估地理優勢

一個國家稱霸單一體育項目的故事相當有趣，但是我想要更系統化也更量化地評估這些王朝。因為有著這樣的想法，我開發出一項標準化的量測標準，用來測量國家體育優勢程度，合理比較各個國家與體育項目。人口調整戰力指數（Population-Adjusted Power Index, PAPI），讓我們得知一個國家在指定體育項目相對於其人口數的實力。為了計算PAPI，我追蹤十六個分別有國際男子與女子運動協會的個人項目，選取排名前二十五的選手，[2]然後計算在這三十二個賽事項目中排名前二十五的成員國籍。最後，我可以得出一個國家在指定比賽項目中前二十五名選手數及其總人口之間的比率。

看一下幾個獲得較高分數的群組，在我的資料集裡，羅馬尼亞擁有一位排名世界前二十五的女子俯臥式雪橇選手（二十五分之一）；波蘭有兩位排名世界前二十五的男子愛斯基摩艇選手（二十五分之二）；而美國則有十六位排名世界前二十五的男子高爾夫球選手（二十五分之十六）。這三個國家的人口數占全球人口數的比例，由小到大分別是〇·

二八%、〇・五四%及四・四四%。將第一個數字(在指定運動項目中占世界前二十五名的選手比例)除以第二個數字(占全球人口比例),即可算出這些國家在個別體育項目中的PAPI分數:都差不多是十四・五。假設一個國家在世界前二十五名俯臥式雪橇選手的比例和它在全球人口中的占比相等,羅馬尼亞那一位排在世界前二十五名的女子俯臥式雪橇選手,就已經比依照人口比例的數量多了十四・五倍。同理,如果世界前二十五名的男子高爾夫球選手以同樣的全球人口比例分散在世界各國中,美國得到的選手數只會稍微超過一,但該國在前二十五名男子高爾夫球選手中占了十六人,差不多是預期分配比例的十四・五倍。

因此即使原始數字差異很大,但是以PAPI來看,羅馬尼亞的女子俯臥式雪橇、波蘭的男子愛斯基摩艇及美國的男子高爾夫球,全部的實力都差不多。提供另一個數據比較,在我的樣本裡,PAPI分數最高的(列支敦斯登的女子高山滑雪選手)是七千七百一十八。必須留意的是,PAPI分數為一・〇時,表示一個國家在該項體育項目前世界前二十五名選手所占的比例,與其國家人口占全球人口的比例相同。例如,中國擁有五位名列世界前二十五的男子羽球選手，而因為該國的人口數大概占全球人口的五分之一，因此中國男子羽球的PAPI分數就非常接近一。大部分項目的PAPI分數都是零，因為多數國家在任何比賽項目裡，都沒有選手排在世界前二十五名。

「比較利益」造成的經濟力量

在列支敦斯登滑雪的例子，就是典型的「比較利益」（Comparative Advantage）例子，也就是對列支敦斯登人而言，滑雪要比別人更勝一籌很簡單，因為相較於幾乎所有在世界上其他地區的人來說，他們可以輕易接近山林與雪地。這並不保證列支敦斯登就一定擅長滑雪，因為可能還有其他阻礙，例如有限的訓練資源阻撓有潛力的滑雪選手。但這個國家的優勢（利益）是「比較而來的」，因為如果其他因素不變，對列支敦斯登人來說，要成為優秀的滑雪選手與成為如優秀的羽毛球選手相比，前者**比較**簡單；而和哥斯大黎加的人相比，要成為厲害的滑雪選手也相對簡單許多。

比較利益的概念遠遠超出體育活動之外，它是廣大而重要的經濟力量，驅動大部分與商業有關的地理學。在被問到要舉出一個經濟學中最重要的見解時，許多學術界的經濟學家會選擇比較利益。智利的黃銅、越南的魚、泰國的米，以及加州、澳洲與紐西蘭的葡萄酒（這些地區皆有適合葡萄生長的氣候），都反映出和列支敦斯登滑雪選手同樣的經濟現象。就如同資源與氣候讓智利開採銅礦、泰國種植稻米是合理的事（之後交易這些貨品讓兩國都獲利），列支敦斯登產出比該國所占比例還要多的滑雪選手，而美國也產出相當大量的高爾夫球選手。世界上的運動迷都更有福利，因為可以欣賞來自最佳培育環境的頂尖運動員。

當然，在擁有適合滑雪的氣候與地形這個條件上，列支敦斯登並不孤單（也並非特例）。就以不太算是鄰居的鄰國挪威來說，挪威有許多雪與山脈，在滑雪速降賽裡有著差不多的自然優勢。但在其他國家，例如列支敦斯登，滑雪場與人口集中中心的距離相當近。在挪威，高山通常位於較偏僻的地方，這樣的距離就可能成為挪威速降滑雪選手的一個阻礙：挪威非常接近北方，因此日照有限，這對速降滑雪選手而言是很大的問題，同時也極度寒冷，使得乘坐在滑雪纜車上非常不舒適。

因此，儘管挪威並未放棄速降滑雪——事實上，挪威的速降滑雪項目也很強，有兩位男子選手與一位女子選手都名列世界前二十五，但卻不像列支敦斯登等國家著重發展這項運動，而是成功利用在速降賽中的挑戰（和其他幾個會下雪的國家相比），乘勢發展在北歐滑雪（Nordic Skiing），或稱越野滑雪（Cross-Country Skiing）的強勁實力。為了讓練習更有效率，與速降滑雪選手相比，越野滑雪選手需要的日照較少；因為他們一直在移動，所以較容易保持身體暖和，也不需要到山上訓練。挪威的人口集中中心較接近曠野（例如與瑞典的人口集中中心相比），也讓挪威人可以更容易練習越野滑雪。[3]這些特點都讓越野滑雪成為挪威體育項目中的潛力金礦。

而挪威也從如此的比較利益中獲益，該國人口占不到全球人口的千分之一（甚至比美國明尼蘇達州的人口更少），卻在二〇一八年冬季奧運的越野滑雪項目中，帶回一半以上的金牌，以及超過三分之一的全部獎牌。在我追蹤的所有國家體育項目裡，挪威的男子與女子越野滑雪選手分別取得第二和第三高的ＰＡＰＩ分數：在世界前二十五名越野滑雪選手中，十位男子選手與八位女子選手都來自挪威，ＰＡＰＩ分數分別為五百六十一和四百四十九。也就是在世界前二十五名越野滑雪男子選手中，以比例而言，挪威擁有的選手和我們預期一個比挪威人口大五百六十一倍的國家擁有的數量一樣多。挪威的越野滑雪選手在PAPI樣本裡，僅次於列支敦斯登的女子滑雪選手；換句話說，他們只輸給維拉瑟。

除了善用自然優勢外，也要策略性運用互補優勢

雖然挪威擅長越野滑雪並不稀奇，但有點讓人驚訝的是挪威的滑雪選手竟然如此傑出，畢竟俄羅斯、芬蘭及瑞典都有類似的優勢。儘管這些國家擁有許多世界前二十五名的越野滑雪選手，卻遠遠不及挪威的稱霸。這是為什麼？因為挪威有策略地運用一些互補優勢。

除了雪以外，挪威碰巧還擁有另一項珍貴的資源：石油。持續出口這些石油，讓挪威在人均收入的基礎上，幾乎與列支敦斯登一樣富裕，但卻同時維持更大（雖然還是很少）的人口數。此外，挪威的政府和已開發國家一樣具有社會主義精神，因此政府掌控國家大部分的雄厚財富，也能有策略地投資。在該政府眾多的社會計畫裡，其中一項就將鉅額資金（根

據法律，每年至少三億美元）投入興建青少年運動設施，並以優渥薪資聘請技術精湛的教練，盡早發現在孩童時期就嶄露天賦的滑雪選手加以培訓。[4]

挪威的政府組織，挪威體育同盟（Norwegian Confederation of Sports, NIF）監督挪威的奧林匹克委員會及國家各項體育投資，管理五十四個聯盟、十九個區域體育聯盟、三百六十六個地方體育委員會，以及超過一萬一千個地方體育俱樂部，這些組織的資金都有來自國家樂透彩券收益的協助。[5]地方體育俱樂部是組成挪威人年少體育體驗的核心，除了提供訓練外，也會選出那些之後加入菁英計畫的人才。挪威有六所高中稱為挪威菁英體育學院（Norwegian College of Elite Sport），從世界各地聘請七十九位教練任教。[6]以這個學院為起點，許多運動員接著進入全職訓練中心。雖然先前針對青少年運動的討論，認為大規模投資對個人而言並不見得是一個好主意，但是挪威顯然相信這些運動員有國家級價值。

如此的財政與文化投資，讓挪威和其他國家相比，在體育項目中有著極大優勢。而這樣的投資，再結合挪威的自然優勢，更讓挪威成為前所未有的體育人才庫。許多國家在特定的體育項目裡都擁有自然優勢，但是只有少數國家能像挪威在越野滑雪中如此妥善運用。

從這個方面來看，挪威就是越野滑雪的納帕山谷（Napa Valley）。納帕山谷的葡萄酒莊擁有一流的自然環境種植葡萄，也多虧有太多北加州百萬富豪在尋求昂貴的嗜好，葡萄酒莊因而擁有資源，能將這些葡萄變成世界級葡萄酒。納帕山谷的葡萄酒與挪威的越野滑雪選手，可能在投資上並不會帶來最高的報酬，但是兩者都結合各自在氣候方面的比較利益（優勢）和財富資源，成為世界第一（或頂尖中的頂尖）。

比較利益的重要性，可用圖表顯示（圖一）。在這幅世界地圖中，每個國家區域的顏色深淺對應到三個體育項目的平均ＰＡＰＩ分數，冬季的狀況會賦予高山（速降）滑雪、北歐（越野）滑雪及俯臥式雪橇這三個體育項目極大優勢。實際上，所有的深色區域都落在北緯五十度以上，而距離赤道不遠的國家，ＰＡＰＩ分數基本上是零。

同樣的地圖也可以用來繪製所有十六個在ＰＡＰＩ樣本裡的體育項目（圖二）。在這項更廣泛的衡量標準中，北歐國家與加拿大仍舊表現良好，但是其他國家的表現比前一張圖更好。這兩張圖帶出比較利益的重要性：整體而言，北歐國家與加拿大的體育表現傑出，但在冬季體育項目中特別優秀。

圖一　高山滑雪、北歐滑雪與俯臥式雪橇的平均 PAPI 值

〔由胡立歐・凱撒・法蘭柯・阿迪拉（Julio Cesar Franco Ardila）製圖〕

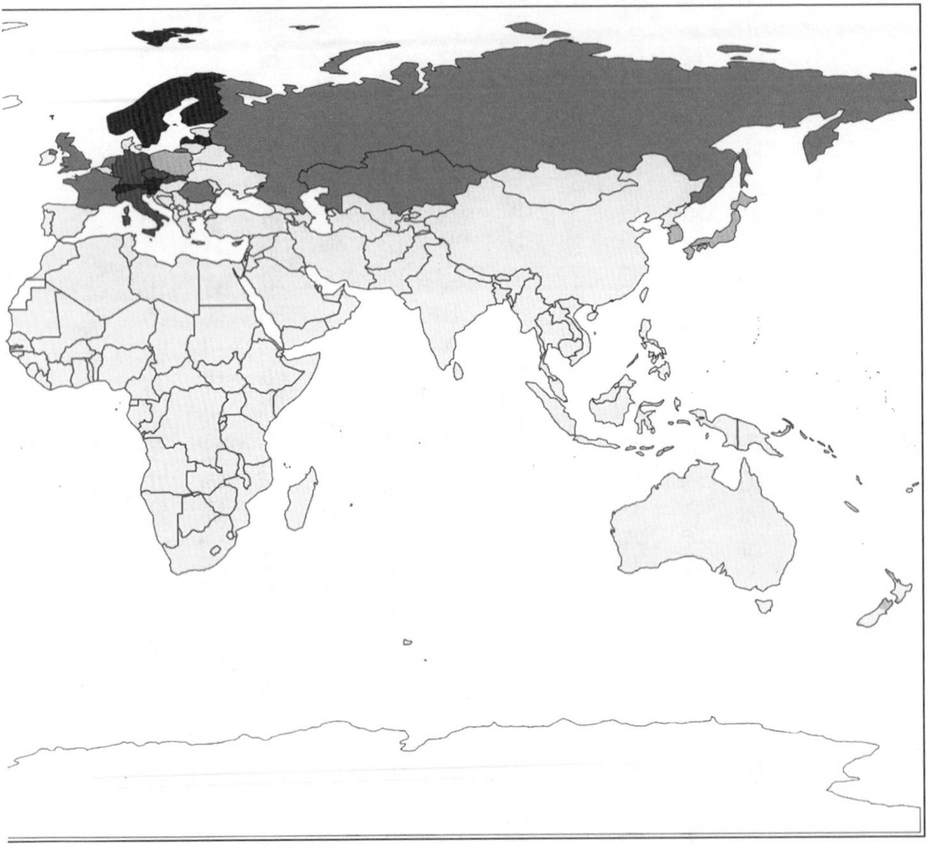

冬季體育項目
[0, 0]
(0 – 2]
(2 – 6]
(6 – 10]
+10

圖二　十六個個別體育項目的平均 PAPI 值

（由阿迪拉製圖）

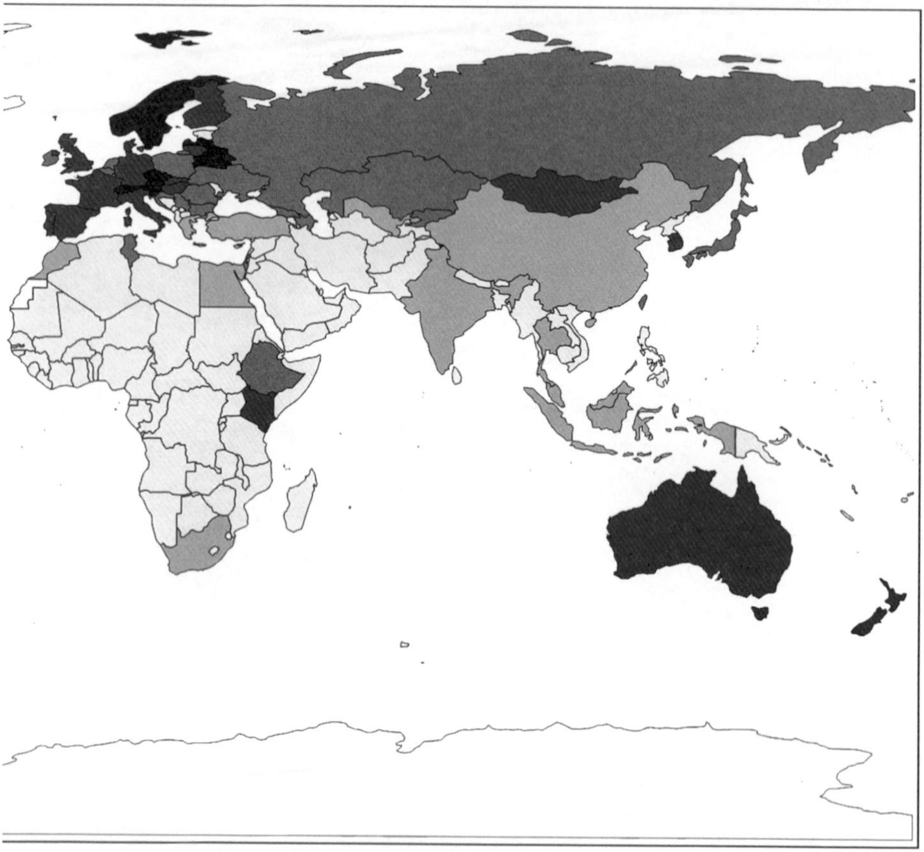

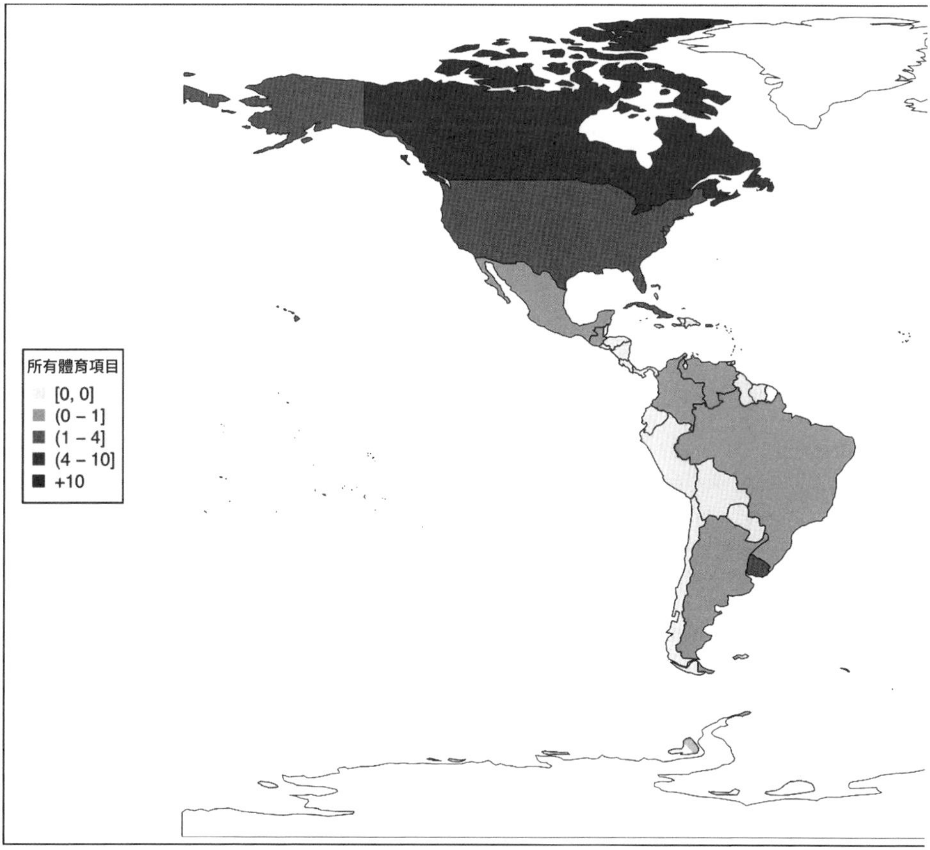
所有體育項目
[0, 0]
(0 – 1]
(1 – 4]
(4 – 10]
+10

地理優勢＋資源稀缺，讓跑馬拉松成為最佳選項

距離挪威遙遠的一處，是在任何體育項目中都最具優勢的群組：東非馬拉松選手。挪威越野滑雪選手是比較利益加上以許多互補資源（也就是石油財）補強的故事，但東非馬拉松選手則是地理位置的比較利益，加上缺乏自然資源的故事。

這樣的優勢是絕對稱霸的。一段時日前，我第一次查詢世界前二十五名的男子馬拉松選手，當時義大利跑者丹尼爾．梅烏奇（Daniele Meucci）是唯一一位不是代表衣索比亞或肯亞的選手。梅烏奇排名第二十五，世界前二十四名男子馬拉松選手全都來自衣索比亞或肯亞。當我經過幾個月後再次查詢，梅烏奇已經跌出榜外，而在不是來自東非的馬拉松選手裡，排名最高的選手與兩位肯亞選手並列第四十五名。來自東非的女子馬拉松選手，除了與男性同行相比外，在任何一項指標裡都占據優勢：世界前二十五名的女子馬拉松選手中，有二十名來自衣索比亞和肯亞，甚至囊括前十二名。[7]

肯亞的男子馬拉松選手在PAPI中排名二十九，成績優秀；而肯亞的女子選手及衣

索比亞的男子選手與女子選手，同樣都有很好的分數，不過PAPI對東非馬拉松選手的主導優勢而言並不公平。肯亞擁有四千四百萬人口，衣索比亞則是九千四百萬，兩者的人口數都大到足以讓它們在和其他國家（如列支敦斯登）的PAPI競賽中遭到淘汰。更適合的標準是，經濟學家用來量測產業集中度的賀芬達指數（Herfindahl Index）。PAPI是衡量單一國家相對於其人口數的體育優勢，而賀芬達指數與PAPI不同，是衡量在一個小型國家群組中的集中度。在所有「體育—性別」的組合裡，馬拉松在男女所有的體育項目中有著最高的賀芬達指數。[8]事實上，馬拉松「產業」在賀芬達指數取得的分數，比啤酒或早餐麥片產業拿到的分數來得高，而這兩項產業在傳統上是全球最集中的產業。隨著壟斷同業聯盟〔也稱為卡特爾（Cartel）〕的發展，肯亞與衣索比亞的馬拉松選手讓石油輸出國家組織（OPEC）蒙羞。

然而，對卡倫金（Kalenjin）族及他們的近親而言，用來評估整個國家在馬拉松產業主導優勢的統計數字並不公平，因為卡倫金族和其他民族一起產出幾乎所有的東非跑者。大衛・艾波斯坦（David Epstein）撰寫一本關於運動員科學的書籍，告訴訪談者：「歷史上有十七名美國男性可以在馬拉松比賽中跑進兩小時十分，但在二〇一一年十月就有三十二名卡倫金人辦到了。」[9]

馬拉松，東非跑者別無選擇之下的最佳選擇

非洲這麼小的一個區域，是如何完全稱霸這個運動項目？長久以來，社會學家、生物學家及運動專家一直在爭論這個問題。對一個經濟學家而言，有兩個因素很關鍵：地理優勢與缺乏其他選擇。

首先，如同挪威人在越野滑雪的經驗一樣，肯亞的部分地區及周圍區域提供土生土長的跑者自然優勢。卡倫金人居住在高海拔地區，因此也賦予有效又有效率的持久力運動訓練優勢。當地的天氣有益於活躍的生活與戶外活動。學校常常位處偏遠，因此孩子對於長距離的走路（以及根據一些報導指出，也習慣赤腳跑步）習以為常。一些學者認為，當地的環境導致飲食習慣中碳水化合物含量很高，也可能有助於耐力訓練。[10]

還有文化上的解釋，可以說是與自然環境有關。許多卡倫金孩童需要經歷成年禮，成年禮內容包含爬過樹叢、挨打及接受無麻醉的割禮。有些人認為是這個因素和其他的文化因素，讓卡倫金人更能不顧疼痛跑步。根據全國公共廣播電台（NPR）報導：「在傳統的卡倫金社會裡，忍受疼痛不僅是一種需要的特質，更是讓你成為男人或女人的一部分。」[11]

除了這些（由推測而來或其他原因得知的）自然優勢外，缺乏資源也啟發東非跑者的發展。以跑步來說，訓練需要的設備及土地支出都很微小，不像如帆船或高爾夫球等其他體育項目，因此即使是來自相對低收入地區的人也不會處於劣勢。如果肯亞的天氣與海拔（尤其是卡倫金人居住的區域）有利於發展滑雪，當地人由於缺乏資源用以支付設施、器材及專業教練，就可能無法占據優勢。不過以發展跑者而言，即使是最貧窮的國家也有辦法負擔。

動機也占有一席之地。在挪威，當孩子開始擔心考大學和找不到好工作時，越野滑雪教練就可能很難找到願意在滑雪上花費許多時間的挪威青少年。在東非農村的孩童通常沒有光鮮亮麗的職涯展望，也因此有很強的誘因成為跑者。哈佛大學生物學教授丹尼爾·李伯曼（Daniel Lieberman）研究東非跑者，認為他們之所以能成功，最重要的原因是這個區域普遍貧困，而且（如同經濟學家大概會說的）追求跑步的機會成本低。「除了自耕農外，幾乎沒有其他工作。」李伯曼如此表示。作家亞德哈羅南德・芬恩（Adharanand Finn）也補充道：「在肯亞，身為運動員的生活是相對舒適的，吃飯、睡覺、跑步，勝過整天用耙子挖土。」[12]

如果挪威是越野滑雪的納帕山谷（地理優勢結合許多資源），東非就是馬拉松長跑的諾魯。諾魯是位於太平洋中央的島國，因為幾個世紀以來累積的鳥糞，而擁有大量的磷酸鹽儲存量。在二十世紀初，諾魯開始開採這些礦產，也就是說這座島的礦產簡直是枯竭了。諾魯島上的居民並不是特別想將他們的島嶼變成一座露天礦坑，但是由於只有少數的經濟機會，因此順從他們的比較利益。許多肯亞與衣索比亞的跑者，如果能取得更好的教育及就業機會，絕對會毫不猶豫地選擇從商、從醫或是從事其他職業。但由於除了跑者外，最可能的另一個選擇就是自耕農，因此許多人認為最佳選項是踏上馬拉松之路。

缺乏自然優勢，也能從歷史脈絡中受惠

捷克約有一千萬人口，這個國家冬天寒冷，也常下雨，完全沒有任何自然優勢與產出網球選手有關，但是捷克女子網球選手的PAPI分數，在三百五十六個樣本裡名列第二十五；也就是在世界前二十五名的女子網球選手中，捷克的女子選手代表數量，比例足以和比它大一百零八倍的國家相比。

捷克如何在沒有任何比較利益的情況下，擁有女子網球中如此強勁的實力？答案很簡單：過去數十年來，有許多想成為網球選手的捷克人，已經發展龐大的人際網絡。在缺乏自然優勢的環境裡，出現一個人脈網絡，這樣的成長通常是來自歷史因素。在捷克還是奧匈帝國的一部分時（甚至更早之前），當地的貴族開始接觸網球；在現今的捷克，競技網球運動始於一八七九年，正好是第一場溫布頓網球錦標賽（Wimbledon）後兩年。對捷克人來說，網球和整體的運動項目在文化上向來有其重要性。一直以來，無論男女，捷克都培育出許多優秀的網球選手，不過該國最具天賦的男子運動員通常傾向打曲棍球或踢足球，雖然一些捷克女性轉而從事冬季運動，而捷克人也相當擅長冬季體育項目，但是最有運動天分的運動員似乎有很高比例都選擇打網球。

因此即使缺乏自然資源，仍有以下三個因素促成捷克成為女子網球強國：透過當地網球俱樂部、家長和教練專注在比賽上；在蘇聯時期的投資與致力發展；以及瑪蒂娜．娜拉提洛娃（Martina Navratilova）。

捷克的網球明星揚．科德斯（Jan Kodes），在一九七〇年代初贏得三座大滿貫（Grand Slam），就以下述話語描述他的國家的成功：「我們的歷史要回溯到一八九三年第一個草地網球俱樂部，以及這個小俱樂部的背景，那裡總有人告訴你要怎麼握球拍與打球，他們可能是不知名的人士或沒沒無聞的教練，卻比一些鼎鼎有名的教練還懂得比賽。」[13]

四座大滿貫得主哈娜．曼德利可娃（Hana Mandlikova）出生於布拉格，也在這樣的制度下長大。父親將她的成功與捷克整體網球的成功，歸功於教練的品質、對基本技巧的著重，以及「瘋狂粉絲般的父母」（包含他自己），這些父母總是如宗教儀式般，規律地帶著孩子前往遙遠的地方，參加由網球協會舉辦的錦標賽。「在征戰各地時，我從未看過其他地方的孩童訓練像這裡一樣井井有條。」他如此告訴《運動畫刊》（*Sports Illustrated*）。[14]捷克傳奇娜拉提洛娃也曾說，俱樂部的制度和早期不斷的比賽，是接下來幾個世代的捷克女性成功的原因之一，她特別提到：「在這些俱樂部中，你會和這些人互動……。會變得很有競爭力、好勝，而且會以理想的方式學習這項運動，也就是透過比賽。」15

娜拉提洛娃的評語點出讓捷克女性如此擅長網球的一個原因：其他的捷克女性。無論是越野滑雪、馬拉松長跑或網球，一項人們專心致志的體育項目都會激發孩子的好勝心，他們不僅想要獲勝，同時也有許多朋友和競爭對手來鍛鍊自己的技巧。如同經濟學家一直強調的，競爭會帶來創新。激烈的競爭讓運動選手更強，就如同競爭讓公司更上一層樓，因為必須找到新方式來贏得競賽。捷克的女子選手在彼此對打的過程中學習如何更勝一籌，在彼此的進步上增進自身的技能。

有如矽谷網絡的捷克女子網球

如同今日的挪威政府，捷克政府於蘇聯時期也在這些俱樂部和網球體系大舉投資，同樣欣然把選手的成就歸功於政府，寫道：「成功的主要因素就是捷克斯洛伐克中央委員會

（Czecho slovak Central Committee）的支持。」[16]全國各地到處都是俱樂部，球探在小學裡尋找有潛力的冠軍，從六歲就開始培育。技術高超的選手移往既有俱樂部裡的培訓中心網絡，接受專業教練的指導、嚴格的訓練方案，也使用最好的設備。任何時候，捷克的網球俱樂部體系內都有九萬名選手在打球，而在超級菁英計畫中則有大約六十位青少年。[17]

然而，捷克的青少年制度會以目前頂尖的女子網球選手聞名，主因是娜拉提洛娃。娜拉提洛娃是史上偉大的女性網球選手之一，贏得十八座單打大滿貫與四十一座女雙與混雙的獎盃，總共拿下五十九座大滿貫，僅次於澳洲傳奇女將瑪格麗特．柯特（Margaret Court），而娜拉提洛娃與美國選手克里斯．艾芙特（Chris Event，現為ESPN球評）之間的對決，也將女子網球的收視率和獎金提升到新高度。娜拉提洛娃啟發無數的捷克女孩，讓她們前往當地的網球俱樂部嘗試。因此，美國的數量優勢大幅消失；美國女性人數比捷克女性多了不少，但有很大比例的捷克女性打網球，而美國女性則是打籃球、壘球或高爾夫球。如果成功的基礎建設存在，而且很大一部分的人口都傾心某項體育活動，一個小小的國家也可以展現偌大影響力。

贏得兩座溫布頓網球錦標賽冠軍，且排名曾高達世界第二的網球女將佩特拉·科維托娃（Petra Kvitova），是受捷克網球傳統影響的典型例子。她出生於比洛韋茨（Bilovec）這個距離布拉格幾個小時車程的小鎮。根據她的網站所述，「她的家人花費很多時間在當地的網球俱樂部打網球」，而父親「曾讓科維托娃觀看娜拉提洛娃在溫布頓網球錦標賽比賽的影片，而她常常看得入迷。」科維托娃寫道：「我超級崇拜娜拉提洛娃，小時候看她在電視上打球，這也讓我得知溫布頓網球錦標賽，以及在草地球場上打球。」[18]科維托娃展現天賦，十六歲就轉學到全職的網球學校（俱樂部制度和菁英學校在蘇聯時代後繼續存在），在成為成功的職業網球選手後，她在《網球》（*Tennis*）雜誌裡「我的英雄」（My Hero）系列文章中向娜拉提洛娃致敬。[19]

在缺乏任何自然優勢的情況下，捷克網球選手卻掌握地緣優勢，要更理解這樣的情況，可以想想在矽谷群聚的主要科技大廠。就像早期捷克網球聯盟的競爭，史丹佛大學發展在技術與商業教育上的優勢，穩定供應新公司及公司所需的技術人才；如同捷克的網球聯盟，史丹佛大學的存在是在一個相對較小的區域內，提供學術窄門中的基礎建設。一九三九年，威廉・惠烈（William Hewlett）與大衛・普克（David Packard）這兩位史丹佛大學畢業生，在帕羅奧圖創辦公司，而惠普（ＨＰ）這家公司的茁壯，以及鄰近區域開始發展的科技公司網絡，讓矽谷成為今天的矽谷。惠普對矽谷的所作所為，就是娜拉提洛娃在捷克女子網球界的作為：在既有的基礎建設上，開啟長足的網絡。在這兩個案例裡，雖然都不存在自然優勢（矽谷並未開採矽礦，該產業其實在西雅圖或聖路易可能更容易發展），卻並未阻止這些區域在該領域占據主導地位。

文化誘因導致南韓女子稱霸高爾夫

如果挪威在越野滑雪的主導地位展現自然優勢，可以與互補經濟因素融合，創造利基，而捷克在女子網球界的成功，展現機緣與投資也能做到同樣的事，那麼南韓在一項看似偶然的運動中前所未有地崛起，就落在這兩個案例之間。南韓女子稱霸高爾夫球界的程度不及東非人稱霸馬拉松比賽，但她們或許是最令人難以置信能持之以恆的體育王朝。

南韓每平方英里有一千三百多人，是全球人口密度第十四高的國家（如果忽略一些微型國家，如梵蒂岡或巴貝多，則南韓排名第三，僅次於孟加拉與台灣）；如此稠密的都市，只留下很小的空間給運動設施。此外，南韓除了在北方擁有少量礦產外，也沒有太多的自然資源，在體育或經濟上都不具備明顯優勢。

然而，南韓卻成為富裕國家，並且設法在許多體育項目中大放異彩，從射箭到現代五項，以及柔道。過去數十年來，南韓在大部分的夏季與冬季奧運會中，獎牌數都名列前十。然而，南韓在奧運的成功與在其中一項體育項目的稱霸相比，反而相形見絀：在這二十三年來，從第一位南韓女子贏得一場大型高爾夫球錦標賽開始，已有二十名不同的南韓女子選手獲得三十四座高爾夫球大賽獎盃（還有另外三座獎盃是由韓裔選手贏得）。最近九年內，在LPGA高爾夫球大賽裡，南韓選手在四十三座獎盃中拿下二十二座冠軍頭銜（沒錯，超過半數）。

的確，南韓女子高爾夫球選手在PAPI排名中只拿到成績普通的第五十三名。PAPI是側重人口少，卻可以在單一體育項目裡產出許多菁英運動員的國家。即便如此，南韓女子高爾夫球的PAPI分數拿到六十二，仍是非常不錯的成績——在世界排名前二十五的高爾夫球選手裡，南韓擁有的選手數量是比該國大六十二倍的國家才能擁有的數量。南韓的PAPI分數在至少有一千五百萬居民的國家中排名第二，僅次於肯亞的男性馬拉松選手，這樣的表現相當優異，畢竟南韓從在該項運動項目中毫無成就到成長為體育強國，發展相當迅速。如此看似不自然的現象，有很大一部分的原因可以說是來自獨特的經濟與文化條件，造就南韓女子高爾夫球的蓬勃崛起。

首先，南韓孩童據信是在已開發國家中最專注也最過勞的孩子，或許不是巧合，他們也是最可憐的。總部位於巴黎的經濟合作暨發展組織（OECD）進行一項國際調查，南韓孩童在學校裡的幸福程度敬陪末座。在所有調查的國家中，南韓父母對小孩從大學畢業的期望最高，但是在與小孩共進晚餐的比率卻最低。[20]每年十一月，自南韓高中畢業的學生會參加大學修學能力測驗（College Scholastic Ability Test, CSAT），這場考試非常重要，在很大程度上會決定他們就讀哪一所大學，甚至重要到在考試當天，股市會延後開市，讓家長可以在上班前激勵考生；為了避免噪音干擾考試，班機也會取消。如果取得的測驗成績不理想，這些考生的自殺風險就會顯著增加。廣泛來說，在所有OECD會員國裡，南韓的自殺率是目前最高的。[21]

性別不平等在南韓也相當嚴重。在世界經濟論壇（World Economic Forum）的全球性別差距報告（Global Gender Gap Report）中，南韓在一百五十三個抽樣國家裡排名第一百零八，在已開發國家裡只贏過土耳其。《經濟學人》（*The Economist*）給予更嚴苛的評估，在玻璃天花板指數（Glass-ceiling Index）裡，將南韓排在二十九個國家中的最後一名。儘管南韓在二〇一三年選出女性總統，但是整體而言，南韓女性擔任資深職位的比例仍低得驚人。[22]

值得慶幸的是，南韓歷來是世界上擁有最高儲蓄率的國家之一。在三十個ＯＥＣＤ會員國中，南韓的儲蓄率是近期第二高（僅次於挪威），而該國數十年來在這項排名裡曾名列第一，或接近第一名。[23]如此屹立不搖的地位可能反映文化傾向，就是為了明天的安穩而犧牲今日的滿足。

各種社經條件打造南韓女子高爾夫菁英

因此，南韓提供一組有趣的極端：可觀的財富與高儲蓄率，再加上不開心的孩童和停滯不前的性別不平等。事實證明，這樣的組合可能非常適合培養世界級女子高爾夫球選手。沒有什麼比持續不斷的努力，更能提高成為職業運動員的可能性，而南韓孩童在任何一個領域裡都被要求努力不懈。不過在南韓，與男孩相比，女孩從學校投資中獲得的收益明顯較少：三七％的性別薪資差距，讓女孩更沒有拚命努力念書的誘因。[24]如此一來，對南韓女孩而言，將原本花費在讀書的時間用來練習體育項目似乎是不錯的投資。南韓男孩有理由努力念書，並學習在就業市場上有用處的技能；女孩則有更多的誘因放棄學習，轉而做其他的事，例如練習高爾夫球。

同樣都是高爾夫球，但南韓在男子高爾夫球中卻沒有類似的成功經驗，就足以證明如此的推理論述。南韓男子高爾夫球的榮耀，僅限於梁容銀在二〇〇九年破天荒拿下ＰＧＡ錦標賽冠軍頭銜——他當時世界排名第一百一十名，而且很快又回到沒沒無聞的狀態，以及資深職業選手崔京周，雖然表現不俗，但職涯並不起眼。最近，南韓男子選手最高的世界排名是第十八，而該國有四名男子高爾夫球選手擠進世界前一百名。與此同時，南韓女子選手高真榮則是世界排名第一；在世界排名前十的女子高爾夫球選手中有五名南韓選手，以及前一百名裡則有三十六位南韓人。[25]平心而論，導致兩性在高爾夫球表現上有如此差異的另一個原因，是南韓男性要服兩年的義務兵役，但這大概不是唯一的障礙。舉例來說，崔京周在服役時，白天站衛兵，晚上就練習高爾夫球。

不過，為什麼是高爾夫球呢？首先，不只是高爾夫球。例如，在射箭（世界前二十五名中占了七名），以及短道競速滑冰（前十名中占了四名），南韓女性都有很高的ＰＡＰＩ分數。如果你仔細看，在圖二ＰＡＰＩ整體體育項目的總覽中，可以看到南韓的顏色很深，這主要歸功於南韓的女性運動員。然而，南韓在高爾夫球的優勢，可能部分是因為高爾夫球選手朴世莉的成功。如同捷克網球球星娜拉提洛娃，朴世莉在南韓女子高爾夫球的世界裡也曾是開路先鋒。她在一九九八年贏得美國女子公開賽（United States Women's Open Championship），那是南韓高爾夫球選手拿下的第一座大賽冠軍。雖然她不像娜拉提洛娃那樣是帶頭的先驅（在朴世莉的突破之前，其他贏得主要賽事冠軍的南韓人早就走在成功之路上），但是她的成功以類似方式發揮成效，許多現今的南韓高爾夫球球星都表示他們受到朴世莉的鼓舞。例如，前美國女子公開賽冠軍柳簫然就說：「在世莉贏得美國女子公開賽後，我真的開始對高爾夫球感興趣。」[26]贏得七座大賽冠軍的朴仁妃也表示，父母在朴世莉首次獲得大勝後，終於帶她到高爾夫球練習場。[27]

因此在南韓的案例中，既有的經濟情況創造地緣成功的潛力，之後又藉由朴世莉的成功催化。加總之下，這些條件可能協助該國的女子高爾夫球菁英達到另一個優勢層次。

各國憑藉天時、地利、人和，各自引領不同的運動場域

有時候，一個地區占據主導地位是因為自然優勢：挪威的越野滑雪選手、納帕山谷的葡萄酒莊。不過，有些體育界或產業界的巨人，單純只是來自天時、地利、人和的理想情勢。巧合會發生，甚至有著長遠的影響。南韓女性在高爾夫球界占據主導地位，是因為儲蓄率、性別歧視及一位先鋒；捷克的女子網球實力堪比其他大國，是因為數百年前富裕人家的品味，以及四十年前一位女子的成功；位於北加州的一座小小半島，從世界最大的杏桃種植演化成世界領

先的高科技區域，是因為當地一所大學培育出在那裡創辦電腦和半導體公司的學生。

一旦這些王朝透過一些機運與巧合的結合而建立，就會變得很難推翻。我打賭捷克的女子網球選手與南韓的女子高爾夫球選手，在十年後仍會占據主導地位，因為在體育和經濟上的優勢通常會延續。例如，美國在世界籃球比賽裡享有長久的優勢，還有矽谷也在科技領域中大幅領先。其他國家致力發展與美國隊相關的籃球計畫，並且有所長進，正如位於德州奧斯汀、俄羅斯斯科爾科沃（Skolkovo，莫斯科外圍），以及以色列特拉維夫（Tel Aviv）的科技聚落，與矽谷相比，也大有進展。然而，美國籃球隊與矽谷（以及捷克的女子網球），有著大幅的領先和強化的網絡效應，因此還是需要數十年才能與之匹敵。

第三章

為什麼運動員要鋌而走險使用禁藥？

——「囚徒困境」讓用藥的誘因大幅飆升

一九九八年夏天，馬克・馬怪爾（Mark McGwire）與薩米・索沙（Sammy Sosa）都是當代傳奇人物，他們當時都是要追上羅傑・馬里斯（Roger Maris）單季全壘打紀錄的熱門人選。這兩個重炮手隨著當年的比賽進行，彼此來回轟出一支又一支全壘打，也越來越接近馬里斯的六十一轟全壘打紀錄。這個故事讓棒球在一九九四年造成嚴重後果的大聯盟罷工後，再度受到歡迎：兩個媒體寵兒很快受到讚揚，都在追趕體育界最為人所知的紀錄。這個為期數個月的美技競賽巔峰落在九月八日，當聖路易紅雀隊（Saint Louis Cardinals）的馬怪爾在對戰索沙所屬的芝加哥小熊隊（Chicago Cubs）時，擊出他破紀錄的第六十二支全壘打。當馬怪爾跑完所有壘包時，著名的一幕是索沙從外野小跑步進場，到本壘板上恭喜馬怪爾，這個永恆的畫面充滿運動家精神與敬意，一直被盛讚為包含所有關於棒球的美好。馬怪爾那年最後轟出七十支全壘打，索沙則是六十六支，在最精彩的棒球賽季之一中，兩人都以打者的身分名傳後世。

下一次馬怪爾與索沙一起登上頭條是在二〇〇五年三月，這一次的場地並非位於芝加哥瑞格利球場（Wrigley Field）這個友善區域（Friendly Confines），而是在美國國會大廈莊嚴隆重的廳堂，他們要在國會聽證會上作證。身為當時近幾年崛起的兩名棒球明星，他們被傳喚到美國眾議院政府改革委員會（House of Representatives Committee on Government Reform）前，為越來越受到關注與擔憂的議題作證：在棒球場上使用體能增強藥物（Performance Enhancing Drug, PED）。結果，兩人都沒有做出太多的評論。馬怪爾一再告訴國會委員會：「我不是來這裡談論往事的。」而索沙則聲稱英文說得不夠好，無法作證，並透過口譯人員發表簡短聲明，表示他從未使用類固醇。1

這場國會聽證會只是棒球界對禁藥的內戰開端。二〇〇七年十二月十三日，前參議員喬治．米契爾（George Mitchell）針對類固醇問題發表報告，引起沸沸揚揚的熱議。在長達四百多頁的報告尾聲中，他在研究發現與建議寫下以下的感慨：「那些遵照法律與規定的選手……面臨痛苦的抉擇，是要處於競爭劣勢，還是也要開始使用禁藥，但是沒有一個人應該做出那樣的選擇。」

米契爾在此一針見血地道破。有許多因素可能是決定是否服用類固醇的原因，包含健康考量、宗教信仰及是否願意說謊，不過其中一個考量因素顯然是在這些原因裡最重要、或幾乎是最重要的，就是相對於同儕而言，這些藥物會如何影響選手的表現。如果馬怪爾使用類固醇，而索沙想要並駕齊驅的話，大概也需要服用類固醇，反之亦然。

在經濟學術語中，馬怪爾與索沙面臨「囚徒困境」，這種情況可以讓理智的人使用藥物、作弊及說謊。

不用禁藥的自行車選手，能否贏得環法自行車賽？

七屆環法自行車賽（Tour de France）冠軍得主藍斯．阿姆斯壯（Lance Armstrong），不僅贏得最佳男運動員ESPY獎（Best Male Athlete ESPY）*，更拿下《運動畫刊》年度最佳男運動員獎（Sportsman of the Year Award），然而他現在已不再是受歡迎人物，還經常在《富比士》（*Forbes*）的年度「最討厭運動員」名單上榜上有名（有時甚至名列第一）。阿姆斯壯曾獲得許多全國性品牌贊助，例如Nike、米凱羅啤酒（Michelob Ultra）及二十四小時健身房（24 Hour Fitness），但是現在卻連小型自行車公司都不太願意支付代言費。阿姆斯壯先前就已飽受摧殘的形象，更在歐普拉・溫芙蕾（Oprah Winfrey）的全國電視節目中遭到致命一擊，他在節目上向歐普拉坦承自己長期使用禁藥，證實了令人不愉快的事實，並且很快在大量的證據當前罪證確鑿。他的暢銷書標題《重返豔陽下》（*It's Not About the Bike*）有了諷刺的新意義，因為對阿姆斯壯而言，全都變成和使用禁藥有關的經歷。

不過，阿姆斯壯真的是壞人嗎？還是他也只是這些情況下的受害者？沒有一個經濟學家會縱容阿姆斯壯的行為，但是許多經濟學家會說，這是他在面臨的誘因中可以預期的反應。要了解原因，試想你是有天賦的年輕自行車選手，已經贏得青少年比賽好幾年，即將參加首次的環法自行車賽，很興奮終於可以在更大的舞台上發揮。然而比賽剛開始，你卻立刻發現這個層次的比賽有些不同，全部的運動員當然都有密集的體育訓練、嚴格控管的飲食，以及最新的設備，但是你很快就發現他們都使用體能增強藥物，而這是你之前從未接觸的事物。你應該放棄自行車，尋找另一個新的職涯，還是接受事

---

* 譯注：ESPN年度卓越運動獎。

實，也開始注射這些藥物？

有些人會離開，對大多數人來說，使用違禁藥物的作弊與說謊是一種心理負擔，而這樣的情緒成本可能會高到讓有些運動員離開這樣的職涯，因為在這個職涯裡，想要成功就必須不斷地欺騙；但是對許多其他人而言，從另一個角度來看，理性的選擇很容易。在投資自行車上好幾年後，開始用藥似乎是唯一合乎邏輯的做法。如果每個人都在用藥，想要維持競爭力的你也別無選擇。雖然有一些關於道德倫理的焦慮苦惱，但自行車選手絕對不會是第一群為了各自職涯，而捨棄集體倫理道德的專業人士。

不過，一切究竟是怎麼發生的？為什麼這項運動會走到所有頂尖自行車選手都疑似用藥的地步？環法自行車賽在一九〇三年開始時，體能增強藥物並不存在，但這不表示所有人在比賽時都坦坦蕩蕩。服用一些藥物，從一開始就是該比賽的一部分。一位頂尖選手因為開賽時順著車輛的牽引氣流騎車，遭到取消資格；九名自行車選手則是被取消下一年的比賽資格，因為使用汽車或火車作為捷徑。他們也使用藥物。最近一名記者觀看整個環法自行車賽賽事的歷史後，總結道：「從這個比賽的最一開始，參賽者就喝酒好去除單調、吸乙醚來抑制疼痛、服用安非他命讓自己更有耐力，或是吸食鴉片來舒緩疼痛與絞痛。」一九二三年的冠軍得主告訴記者：「古柯鹼是給眼睛的，三氯甲烷是給牙齦，你還想要看看其他的藥丸嗎？」[2]

直到一九六五年才禁用藥物，無止盡的武裝競爭開始，也就是自行車選手尋求全新與創新的方法作弊。另一方面，環法自行車賽的官方單位則是盡可能（大多時候都徒勞無功）使用更複雜的藥檢來抓作弊者。我們可以回歸到惡名昭彰的囚徒困境，了解為什麼自行車選手要作弊。

囚徒困境的應用

假設警方帶來兩個可能共同犯下搶案的嫌疑犯，分別安置在不同的房間。一名警探先走進其中一個房間，之後再走進另一個房間，並且分別告訴兩個囚犯有兩種選擇：他們可以保持緘默，就會被判處一年的刑期；或是可以指控對方，即可讓指控方獲釋，而遭指控的另一方就要服五年的刑期；如果雙方互相指控，他們都要服三年的刑期。

如同你所知道的，囚徒困境有一個最佳解決方法：每個囚犯每一次都應該選擇指控對方。無論另一個囚犯做什麼，指控對方是較好的選擇：如果另一個人保持緘默，第一個人就會因為指控同夥而獲釋，但是如果他也保持緘默，就要服一年的刑期。與此同時，如果另一個人指控對方，第一個人也可以指控同夥並接受三年的刑期，或是繼續保持緘默，然後服五年的刑期。這個狀況會被稱為困境的原因，是因為最佳的**共同**選擇是兩個囚犯都要保持緘默，這樣兩人的刑期總和就會是兩年，而其他選項都會導致加總至少五年的刑期。[3]

現在，思考一下自行車選手的困境。我們先從做一些大概和現實生活情況相似的假設開始。首先，如果用藥可以增加每位自行車選手的速度，而且速度增加的幅度足夠到若是在賽前使用類固醇，就可以預期這個選手會領先其他稍快一些又可能會贏過他的選手。其次，我們假設自行車選手在這場比賽裡有機會可能被抓到用藥，但有更高的可能性是他可以使用一些偽裝技巧，躲過體能增強藥物的藥檢。最後，我們（保守地）假設大多數頂尖的自行車選手，如果在自行車比賽中很成功，能賺到的錢會比他們可能可以做的其他行業來得**非常多**。

現在，想像兩個實力勢均力敵的自行車選手，決定是否要在這些狀況下使用體能增強藥物，他們都知道彼此面臨同樣的選擇，但也不想承擔任何洩漏自己策略的風險與對方討論。這些自行車選手面臨類似哈姆雷特（Hamlet）般進退兩難的抉擇困境：用藥或不用藥？如同囚犯的最佳選擇永遠是指控彼此，無論另一方怎麼做，自行車選手的最佳選擇（也稱為「優勢策略」（dominant strategy）），永遠都是用藥。如果一位自行車選手用藥，另一位選手最好也用藥，因為這會增加他的獲勝機會，從完全不可能贏的零增加到五〇%的機率；如果一個自行車選手不用藥，另一個選手最好用藥，因為他的獲勝機率就會從原本的五〇%增加到接近一〇〇%。

唯一一個讓用藥並非優勢策略的狀況是，假使該自行車選手會因為說謊與作弊產生極高的心理成本（也就是如果說謊與作弊會讓他覺得很糟），在那樣的情況下，他就不會選擇用藥，因為不用藥的整體報酬（比賽勝利扣除說謊與作弊的精神成本）高於用藥。雖然這樣的自行車選手絕對存在，但是只要有一些稍微不遵守道德規範的選手存在，就會造成所有頂尖的自行車選手都用藥。

為什麼這些自行車選手不乾脆達成運動家精神的協議，同意都不用藥？畢竟，考量用藥帶來的長遠負面健康影響，對每個人來說的最佳利益，就是兩位自行車選手都不用藥。如果都不用藥，同樣可以預期彼此的能力旗鼓相當，而車迷也可以享受同樣精彩（雖然整體速度可能較慢）的比賽。

答案是因為數量不同。在囚徒困境中只有兩個成員，在脫離現實的情況下運作；但在現實生活裡，自行車選手的困境包含不只兩位自行車選手，而是上百位。只要他們之中許多人有管道取得體能增強技術，只需要一位自行車選手比其他人早一步開始用藥，其他人（最終幾乎**所有**人）也會開始認為自己必須用藥。

自行車界的用藥問題

自行車比賽真的是囚徒困境嗎？這項運動是否已經惡化到你可以保守假設，任何主要賽事的冠軍得主都用藥？阿姆斯壯是否不是壞人，只是一個比賽依舊公平，卻提升到更高水準時代的王者？

環法自行車賽的路線長短與地點每年都會更改，但我們可以藉由平均速度比較各年的表現。從這項比賽剛開始幾年到一九五〇年代中期，隨著裝備升級，贏家的平均速度也穩定而顯著地增加。在一九五六年左右，法國選手羅伯特．瓦科維亞克（Robert Walkowiak）奪冠時的平均速度大約是每小時二十二．五英里（約三十六公里）；一九八五年，法國選手貝爾納．伊諾（Bernard Hinault）獲勝時也是差不多的速度，在這幾年間，冠軍的速度提升與下滑基準主要取決於路線。

然而在一九八五年後，競賽的速度大幅提升到先前難以想像的程度。從一九九一年開始，沒有任何一位自行車選手以低於每小時二十三．八英里（約三十八公里）的平均速度贏得環法自行車賽。當然，其中一些速度的增加要歸功於技術，但是因為自行車界的權威單位——國際自行車聯盟（Union Cycliste Internationale, UCI），從一九九〇年代開始就限制過度先進的自行車參加比賽，因此這種前所未有的速度似乎不太可能僅僅出於更好的車架或輪胎。

前自行車選手史帝夫·斯瓦特（Steve Swart）在個人回憶錄裡，回想這些改變：「一九八七年和一九八八年是一個世界。在一九九四年，整個世界都變了，速度的增加令人難以置信……。他們（不是）使用與以往相同的裝備。」[4]斯瓦特在參加競爭較不激烈的美國自行車賽時並未服用禁藥，但在一九九四年回歸歐洲巡迴賽時，卻開始注射名為紅血球生成素（erythropoietin, EPO）的藥物。曾經堅決反對使用禁藥的斯瓦特，之後告訴一群年輕的自行車選手，其中包含阿姆斯壯的未來隊友喬治·辛卡皮（George Hincapie）：「聽著，如果你想要在這個比賽裡成功，就必須使用那樣東西，就是這麼簡單。」[5]他似乎是對的：美國反禁藥組織（United States Anti-Doping Agency）的報告指出：「從一九九九年到二〇〇五年，透過自行坦承、懲處、公共調查或超出國際自行車聯盟的血球容積比（hematocrit, HCT）門檻，在環法自行車賽站上頒獎台的二十一名選手中，有二十名選手和可能使用禁藥直接相關。」[6]一九九六年、一九九七年與一九九八年的環法自行車賽贏家，全都使用體能增強藥物。

簡言之，在自行車比賽中作弊的動機是（或至少曾是）如此強烈，以至於幾乎所有頂尖選手似乎最後都會作弊。雖然普遍認為自從二〇〇八年實施更積極的藥檢與制定政策後，自行車界中使用禁藥的問題有所減少，但有另一方認為用藥仍是菁英自行車界中的關鍵要素，其中一項權威指出：「整體而言，在菁英層級的狀況有所改善，但是用藥問題依然存在。」[7]環法自行車賽的平均速度雖已穩定，卻還是未能從阿姆斯壯和其他惡名昭彰的作弊者那個時代下降，我們可以保守推測許多贏得自行車大賽的選手仍在用藥，或者身為經濟學家會認為他們仍在跟隨優勢策略。

用藥的選手是否會付出代價？

與此同時，在棒球這方面，米契爾報告（Mitchell Report）是一個轉捩點。憤世嫉俗的人抱怨這份報告只是用來轉移注意力的公關手法，因為聯盟一直興趣缺缺，沒有對類固醇採取實質行動。但是，這份報告的發表剛好和類固醇使用率急遽下降不謀而合。在一九九六年以前，大聯盟領先的五位全壘打打者平均擊出四十五支以上全壘打的次數，在過去一百年內差不多只有三次；在一九九六年年初連續十二個賽季開始時，每個聯盟前五名的打者每年平均擊出四十五支以上全壘打的次數，總共是二十四次。那段期間結束時，在二〇〇八年賽季前，米契爾報告出爐了，而全壘打的數字大幅下降。在接下來六年，前五名全壘打打者的平均全壘打數從未超過四十五支。

米契爾報告提及大約八十位選手都使用類固醇，這份名單指出許多年度最有價值球員（Most Valuable Player, MVP）與賽揚獎（Cy Young Award）得主，包含貝瑞．邦茲（Barry Bonds）、羅傑．克萊門斯（Roger Clemens）與荷西．坎塞柯（Jose Canseco）。在米契爾報告發表不久後，馬上又流出第二份包含一百零四位選手的保密名單，這些選手都在二〇〇三年的一項實驗測試裡驗出藥檢陽性。外流的未具名消息來源最後指出，超級球星艾力士．羅德里奎茲（Alex Rodriguez）與大衛．歐提茲（David Ortiz），似乎都在包含一百零四位陽性測試結果的第二份匿名名單裡。

對這些大球星來說，使用類固醇的動機並不全然是財務因素。以邦茲為例，報導他墮落故事的記者描繪一個形象：一個極度忌妒的人因為羨慕馬怪爾與索沙在一九九八年全壘打競賽的聚光燈，受到驅使而開始使用類固醇。邦茲也在當時開始使用體能增強藥物，因為他知道馬怪爾與索沙早已使用，而且明顯變壯。但是早在邦茲的二頭肌突然變成兩倍大前，他當時早已走在成為歷史上偉大選手的軌道上。一九九八年賽季時，使用先進的統計方式觀看球員生產力，當時邦茲的表現明顯比索沙傑出，與馬怪爾旗鼓相當，甚至小勝馬怪爾。[8]邦茲在一九九三年簽下的合約是當時職棒選手中簽約金最高的，在一九九八年賽季結束前，他已經拿了三次年度最有價值球員獎，被選入八個大聯盟全明星賽（All-Star）隊伍，也贏得八個金手套（Gold Glove）。邦茲用藥的財務誘因很小，反而是在自尊的驅使與刺激下，因為想在棒球史上留名而開始用藥。即使是長年的全明星選手仍舊渴望更上一層樓，有時候這樣的渴望會讓他們走上用藥之路。

大眾雖然很痴迷邦茲的表現，但是對他的隊友埃斯特拉就比較不感興趣。身為生涯成績○·二一六的打者，埃斯特拉只有兩點與邦茲相同：他們的基因裡都有棒球（邦茲的父親和埃斯特拉的祖父都曾是大聯盟全明星賽球員），而且在米契爾報告裡，兩人都與類固醇有所連結。

埃斯特拉的囚徒困境和邦茲的囚徒困境，獲得的報酬不太相同，但是結果與優勢策略卻一樣。與埃斯特拉實力相當的選手很多，這個實力等級的選手有時被稱為四A選手：在大聯盟與小聯盟之間多次擺盪，生涯中花費許多時間擔憂是否會被降級。雖然在球迷眼裡都差不多，但是對這些選手來說，留在大聯盟裡的財務價值很高。二〇〇一年大聯盟的最低薪資（邦茲創下單季全壘打紀錄那年）是二十萬美元，而平均薪資大約是兩百萬美元。相較之下，當年的小聯盟選手一年賺取七萬五千美元就算很幸運了。（如今大聯盟的最低薪資超過五十萬美元，而薪資中位數超過一百萬美元。）埃斯特拉在大聯盟裡有一些表現的整整九年裡，只有兩年是在小聯盟打球，光是因為大部分的時間都待在大聯盟，他每年就能賺進五十五萬美元。

埃斯特拉可以選擇不使用類固醇，但是如果這麼做，他可能只能沒沒無聞地待在小聯盟，搭乘公車參加比賽，薪資可能也還過得去，卻根本沾不上豪奢生活的邊；另一個選項則是使用類固醇，在大聯盟中拿到比小聯盟高出許多的薪資（至少拿幾年），並搭乘專機前往比賽會場。[9]

埃斯特拉知道自己大概不會再有機會賺到這麼多的錢，許多其他的邊緣球員也面臨相同選擇。一個介於明星球員與一般球員之間的職業選手要決定開始使用類固醇，並不需要花費太長的思考時間，其他人也會尾隨其後照做。他們會覺得不要使用禁藥較好，而且假使有一項可靠的協議，所有人可能也會同意都不要使用禁藥，不過在對之後人生最好的財務選擇擺在眼前時，他們就有強烈動機，咬緊牙關，面對風險，使用類固醇來避免落後。這是優勢策略，當在品質上的微小差異會產生極大的收入差距時，作弊的誘因就會變得非常強烈。

解決禁藥問題的驗證程序

在使用體能增強藥物的誘因夠強烈時，有些運動員就會做出錯誤的選擇，也汙辱他們的運動。可以怎麼做呢？不幸的是，答案大概是「能做的不多。」兩個主要因素通常能協助處理類似囚徒困境的情況：可驗證性（verifiability），以及重複與潛在的懲處互動，然而這些方式在運動中的體能增強藥物使用上卻很難實施。

先從驗證開始說起，「要信任但也要驗證」（Trust but verify）是需要達成軍備協議任務的政治人物常常使用的方針。[10]例如在冷戰期間，美國與蘇聯彼此都建造巨大的核能武器火藥庫，在終於簽訂條約後，才減少各自的軍備存貨。這時候囚徒困境就發生了——每個國家最自然的策略就是違約，然後繼續建造火藥庫，無論是用在對抗較無防備、遵照條約的敵人，或是保護自身，以防同樣毀約的國家。因此這些協議的合約需要清楚制定，說明每一方可以如何驗證其他人是否確實遵照條款。只有在驗證條款夠強，讓每一方可以偵測到他人是否作弊，這些條約最終才會成功。

雖然利害關係較低，但有禁藥問題的運動有各自的驗證程序與藥檢，並且不斷試著改善這些驗證。作為驗證程序的藥檢，理論上來說應該可以解決用藥的問題：只要定期檢查運動員的尿液或血液，即可看出運動員是否使用違法藥物，而作弊的人也會很快被排除參賽。然而就如同一般運動迷所知，一切並非如此簡單；檢測的效力似乎總是比躲避藥檢的最新技術慢了一步。

很多時候，棒球的藥檢可以馬上抓到一個全明星球員，例如萊恩·布勞恩（Ryan Braun），但是同時卻有許多其他用藥選手避開陽性的藥檢結果。當調查人員或記者一步步拼湊出選手與藥廠的關聯性，抓到沒有被藥檢中心抓到的作弊者時，就會看到如此規避跡象的證據。確實，大聯盟報導在二〇一四年生源論抗老化中心（Biogenesis）禁藥醜聞裡，包含布勞恩在內等被抓到取得類固醇的二十名選手裡，只有四人在醜聞爆發前就被聯盟的藥檢權威認定使用禁藥。11

選手使用禁藥的因應之道——合法化

話雖如此，藥檢似乎還是在某種程度上發揮遏阻作用，對於受公眾形象極大影響的運動員來說，擔心藥檢沒過的擔憂顯得特別嚴重。不過，小部分的重炮棒球選手、短跑選手、自行車選手及其他體育項目的運動員，在被抓到使用類固醇後依舊不為所動。所以我們可以推測，至少截至目前為止，驗證的規定提供一個不完美的解決方式，讓體育官員思考如何對抗運動員使用體能增強藥物的囚徒困境。他們還能嘗試什麼解決方式？

加重懲處聽起來是一個自然的解決方法：改變報酬，因為作弊被抓到後的懲處極大，使得作弊不再是優勢策略。但是在很多情況下，這樣的方法卻很難執行。因為對聰明的用藥者來說，藥檢似乎非常容易克服，沒有任何處罰，甚至是一項嚴重的處罰，可能足以改變用藥的結果。

由於各種檢測為主的系統限制，因此轉向一個較簡單的解決方法很吸引人，就是面對現實。即便允許使用體能增強藥物，體育節目還是可以很有看頭。那些試著執行反禁藥規定的體育組織，可以跟隨國家大學體育協會（National Collegiate Athletic Association, NCAA）男子網球裁判的帶頭做法，純粹放棄規範作弊。在大學網球賽裡，選手自己就是裁判，自行決定球落在界內或界外，而且自行決定對手的發球是否觸網。如果選手打出一顆漂亮的發球，讓另一名選手無法回擊，要回擊的選手可以根據網球的傳統規則，喊出「觸網」（let），表示發球觸網，必須重發。有時這樣的重新發球很明顯，但是其實通常難以注意到這些微小的觸網。

許多缺乏道德的大學選手養成習慣，把他們無法回擊的乾淨發球都稱為觸網球。

這種形式的作弊成為一種囚徒困境，即使是最誠實的小孩都覺得必須喊出一些模稜兩可的觸網球，才能跟上他們面對的作弊者。為了因應這樣的情況，國家大學體育協會取消了觸網球（所有網球分級裡的主要內容），如此一來，所有落在界內的發球，無論是否觸網都算有效球，可以繼續比賽。當然國家大學體育協會很快就能逆轉這樣的規定，因為科技的進步，讓協會可以負擔安裝評斷發球是否觸網的設備。換句話說，一旦「驗證」成為選項，國家大學體育協會網球就可以回歸傳統的規定，不用擔心作弊。

低成本的網線偵測裝置可以一勞永逸地解決國家大學體育協會網球的問題，但是要偵測體能增強藥物的狀況就比較複雜，因為測試者與作弊者都像貓鼠大戰一樣持續進化。所以對於現今體制唯一真正的替代方案，就是官方舉起雙手向這個困境投降。聯盟中因為類固醇而特別困擾的領隊，可以像國家大學體育協會的網球官方一樣退讓一步，允許運動員隨心所欲做自己想做的事。如同一些觀察家指出的，使用體能增強藥物的好處和在高海拔訓練相比，並非全然不同（儘管這個論點忽略長期使用體能增強藥物對健康的影響）。那些評論家表示，更重要的是承認所有其他方針都失敗，唯有合法化才能創造對所有運動員都公平競爭環境的機會。[12]雖然支持這種「擁抱並接受」策略的人仍是少數，但我懷疑運動迷和體育管理部門會慢慢將道德疑慮放到一旁，並且朝向這個策略前進，因為從經濟上來說，很難想出一個更好的實際可行解決方案。

牙買加閃電真的如此神速嗎？

唯一一個可以聲稱也被體能增強藥物玷汙的體育項目，而且程度足以和自行車與棒球相比的體育項目，絕對就是短跑。

好吧！還有舉重、足球及其他田徑項目，例如擲鐵餅。但是在任何情況下，在短跑競賽裡使用類固醇是一大問題。在這項運動比賽的最高殿堂，也就是奧運男子一百公尺短跑項目，過去三十年都一再與類固醇有所連結，那些沒被抓到使用禁藥的選手，只是因為與禁藥有關且無法提出其他證明仍遭到懷疑。即便沒有知名短跑選手爆發的藥檢陽性風波，但大眾對短跑選手的冷嘲熱諷也是合理的：一百公尺短跑競賽中，已經可以看到成績顯著提升，如同在自行車與棒球裡看到的。在一九八八年奧運前，只有兩名選手在一百公尺短跑裡打破十秒的紀錄；從那年開始，只有三名獎牌得主成績**沒有**在十秒以內，其中兩次是因為一九九二年在巴塞隆納的比賽時受到風阻影響。

在某些程度上來說，短跑選手也開始面臨和自行車選手一樣的囚徒困境。這個時間點大概是在一九八四年，當時聲名狼藉的加拿大短跑選手班．強生（Ben Johnson）率先贏得銅牌。強生後續在一九八八年奪得金牌，而後被眾所皆知、震撼短跑界的用藥醜聞拉下神壇。知名美國短跑選手卡爾．路易斯（Carl Lewis），在一九八四年擊敗強生，拿下金牌。儘管關於路易斯使用禁藥的說法從未獲得證實，但是在一九八八年的藥檢紀錄中，他的確被驗出藥檢陽性，而他最後出面澄清此事。[13]

無論路易斯是否使用禁藥，許多其他的金牌得主——從一九九二年的林福德．克里斯蒂（Linford Christie）到二〇〇六年的賈斯汀．蓋特林（Justin Gatlin），都曾在生涯中被抓到使用禁藥。即便是藥檢結果完全沒問題的短跑選手，依舊被指指點點。惡名昭彰的灣區實驗室合作（Bay Area Laboratory Co-Operative, BALCO）實驗室負責人維克多．康提（Victor Conte），是許多運動員的藥頭，提供類固醇給短跑選手和棒球選手。他告訴澳洲報社，雪梨奧運一百公尺決賽裡的每位選手都使用類固醇，其中包含莫里斯．格連（Maurice Greene）與阿托．博爾頓（Ato Boldon）這兩位前途似錦的短跑選手，他們曾享有成功且表面上清白的職涯。雪梨奧運後，一封應該是由博爾頓寫給前教練的信件流出，宣稱格連使用類固醇；博爾頓曾在藥檢中被驗出陽性，但是田徑主管機構出面澄清這項錯誤。

近幾年，彷彿來自另一個世界的牙買加選手「閃電」尤塞恩．波特（Usain Bolt），在二〇〇五年登場後，稱霸整個短跑界，直到二〇一七年退休為止，重新寫下這項運動的歷史紀錄。身為從未被驗出藥檢陽性的運動怪胎，波特冷靜地否認各項指控，而他的許多對手，如美國名將泰森．蓋伊（Tyson Gay）與蓋特林，以及牙買加選手阿薩法．鮑威爾（Asafa Powell）都曾被抓到使用類固醇，因而遭到禁賽。

作為「離群值」，揮之不去的用藥疑雲

波特真的沒有用藥嗎？康提並不這麼認為：他在同一場訪談中表示「強烈懷疑」波特使用類固醇。在所有公平競爭的比賽裡，決定性的稱霸是一回事，但波特的天賦真的**這麼**高，讓他可以在沒有用藥的情況下，還決定性地贏得這些作弊的對手？如果波特真的沒有用藥，他的天賦必須高超到任何曾繫上田徑釘鞋鞋帶的人都望塵莫及。

波特要多特異才能如此？為了回答這個問題，我需要建立幾個基準線。首先，我會預測使用體能增強藥物，可以在一百公尺短跑競賽中，縮短該跑者的成績至少〇．一秒，甚至接近〇．二五秒。我會如此設定，是因為在一九七〇年代後期與一九八〇年代後期之間，贏得比賽的時間少了大約〇．二五秒，而這似乎就是選手開始廣泛使用類固醇的時期。14

其次，我會假定在任何時間點，世界上跑得最快的男子並沒有比跑得第二快的男子快超過〇．一秒，因為奧運一百公尺短跑決賽裡很少發生贏得超過〇．一秒的情況。雖然較大差距的勝利在使用類固醇前的時期似乎比較常見，因為當時較少人以奧運為主規劃人生，但要贏得超過〇．一秒算是特殊情況。

波特在二〇〇八年、二〇一二年及二〇一六年奧運，分別以〇．二秒、〇．一二秒和〇．〇八秒之差，贏得男子一百公尺短跑決賽。由於在前兩場比賽裡，他的競爭對手都與類固醇相關，為了獲得如此的輸贏差距，波特需要比所有其他沒有用藥的選手快〇．二五秒到〇．五秒。

此外，波特的最佳成績是九．五八秒，比其他沒有明確與使用類固醇相關的選手成績好了整整〇．二秒。[15]在目前所有打破一百公尺短跑紀錄的選手裡，這個差距是最大的。波特在二〇〇八年贏得獎牌時，同時以前所未有的更大差距（〇．一五秒）打破奧運紀錄。上一次短跑選手以這麼大的差距打破先前紀錄的是美國女將瑪莉安．瓊絲（Marion Jones），她在一九九〇年代後期與二〇〇〇年代初期打破女子短跑紀錄。瓊絲之後被爆出使用體能增強藥物，所有曾拿到的大賽獎牌也遭撤銷。一九八八年，美國短跑女將「花蝴蝶」弗洛倫斯．葛瑞菲絲．喬伊娜（Florence Griffith Joyner）在展現快速、大幅的進步後，以大約〇．二五秒的差距打破一百公尺和兩百公尺短跑的世界紀錄。喬伊娜一直以來都被強烈懷疑是因為使用類固醇，才有這樣大躍進的成績，雖然和波特一樣，她沒有被證實使用藥物，也一直維持清白。

波特以最強烈的方式否認使用體能增強藥物，他說：「我沒有用藥，我非常肯定這一點。為了向全世界證明，如果有需要的話，歡迎大家每一天都來檢驗我，沒有問題。」[16]他的教練表示：「我們都知道他是清白的。」

不幸的是，這樣的論述幾乎毫無意義，如此的言論很廉價，那些規律使用體能增強藥物的運動員在被抓到使用禁藥前，也都會這麼說。例如，自行車選手阿姆斯壯就曾公然反駁道：「到底要我說幾次？……『我從來沒有吃藥』，事實再清楚不過了。」還有「我從來沒有用藥。」[17]在全國電視節目主播凱蒂·庫瑞克（Katie Couric）問道：「鄭重聲明一下，你是否曾使用類固醇、人體成長賀爾蒙或其他體能增強物質？」時，連續作弊與說謊的大聯盟棒球選手羅德里奎茲簡單回應：「沒有。」但是不久後，他首度坦承使用體能增強藥物。在決定性證據出爐，迫使瓊絲承認長期使用類固醇前，她也曾表示：「我非常肯定在不久的將來，我的名聲會從如今的整個情況裡恢復。」

如果波特真的從未使用體能增強藥物，這些作弊者在運動迷心中植入永遠無法被否定的懷疑，就是一件憾事。只有在波特被抓到使用禁藥時，這個世界才會確切知道波特是否使用類固醇，否則沒有任何方法可以確定他的清白。

雖然要找到能與波特匹敵的短跑選手的機率極小，但理論上可以合理地說，他可能就是前所未有的一個離群值（outlier）。如同美國田徑協會（USA Track and Field）短跑與跨欄負責人拉爾夫．曼（Ralph Mann）曾代表波特發聲道：「有時候就是會出現一個基因怪胎中的怪胎，像是高爾夫球的老虎．伍茲（Tiger Woods）或籃球界的喬丹，而在我們這項運動裡就是波特。」[18]我想，任何事情都有可能。

為什麼NBA選手不會被抓到使用禁藥？

短跑、自行車、棒球、美式足球及舉重，都有廣為人知的嚴重類固醇濫用問題，而且全都符合囚徒困境的框架。除了一些在藥檢上特別積極與成功的例子外，頂尖競爭者從體能增強藥物中獲益匪淺，以至於人們可以推測獲勝者（還有在許多例子裡的邊緣球員，如埃斯特拉）獲得化學的助益。那是因為這些運動項目有三個重要的特徵：首先，體能增強藥物的附加價值之高，以至於不使用禁藥的最佳選手無法與使用禁藥的二流選手抗衡；也就是體能增強藥物能讓二流（或三流、五流、十流）的競爭對手表現提升，成為使之贏得比賽的因素；其次，在這些運動中，最合理的體能增強藥物使用會讓人明顯懷疑該選手的肌肉量不自然，被禁賽的短跑選手強生就是因為手臂而露餡，邦茲則是頭部與頸部的肌肉，而許多環法自行車選手則是因為異常的腿部；最後，所有這些運動裡，在專長運動項目成功的人會比他們從事其他職涯表現得好（大多是在財務上），如此想要成功的誘因是無法抗拒的。

為什麼我們在曲棍球、足球、籃球、高爾夫球、網球、滑雪或保齡球裡，沒有聽到太多關於類固醇的問題？其中一個可能性是，這些運動項目選手比棒球或舉重選手的品德更高尚、更值得尊敬，但是這樣的假設似乎太過天真。而前述所說的第三個特徵——和從事其他職業相比，這些運動員在體育項目中賺很多的錢，在大多數的體育項目裡，這絕對是原因之一。世界級高爾夫球與籃球選手每年賺數百萬美元，即便是滑雪或保齡球選手也比一般人賺得多。考量到大多數這些運動員在體育之外，並不會成為投資銀行家，因此我們可以很有把握地說，和從事其他行業相比，職業運動讓他們上了很高的一層樓。

這致使我專注在前兩個特徵：體能增強藥物的邊際價值，以及可見度因素。許多人認為對於耐力型體育項目的選手，或是更「與體育技巧相關」（如籃球或網球），以及不以肌肉量為主的體育項目（如美式足球與自行車）而言，體能增強藥物沒有太大的幫助。但是體能增強藥物可以幫助運動員增加力量，並從任何運動的艱難訓練中修復。網球選手無法像邦茲那樣增肌，因為這樣選手就無法追上過網急墜球，但是少量藥物可以幫助選手在長時間比賽或密集訓練後修復肌肉。妥善規劃的類固醇用量，可以幫助幾乎所有運動員。但在這些情況下，體能增強藥物對一個典型運動員的效益是否足以勝過作弊的心理成本、副作用與被抓到的風險，就不怎麼清楚了。對**一些**運動員而言，這樣的效益當然是超出成本的，如同我們能從可靠的體能增強藥物使用報告中，看到前述提及大多數的體育項目（不是保齡球）。但似乎絕大多數的運動員並不認為類固醇的效益是值得的，因為他們不使用類固醇也可以表現得很好。[19]使用類固醇在這些運動項目中並非囚徒困境，因為沒有一位選手的優勢策略是要選擇使用體能增強藥物。

關於運動選手用藥的兩大結論

雖然成本效益計算決定體能增強藥物是否會在該體育項目裡創造囚徒困境（在自行車與短跑比賽中會，而在滑雪和曲棍球比賽中則不會），可見度的問題也可能影響使用體能增強藥物是否會成為醜聞的關鍵因素。如果運動員看起來太怪異畸形，以至於人們無法接受這是他們自然的模樣，粉絲與分析師就會注意到這件事。一些籃球選手和網球選手可能使用體能增強藥物，但因為是用來加強復原能力與耐力，而不是增肌，所以攝取的劑量較小，球迷和球評也不會看到任何不尋常之處。雖然偶爾會有NBA球員被抓到使用藥物（例如全明星賽球員喬金・諾亞（Joakim Noah），以及快要成為全明星賽球員的奧文頓・傑安東尼・梅歐（Ovinton J'Anthony Mayo）），就因為使用體能增強藥物而遭到禁賽，但NBA的藥檢制度並不是特別嚴格，而體能增強藥物的使用也不被廣泛認為是問題。

關於在運動中使用藥物，經濟學提供兩個結論。首先，如果你強烈懷疑一個運動員使用禁藥，那對方可能就有用藥。至少在一些以肌肉為主的運動項目裡，作弊和說謊的回報很大，而且只要至少有一些人願意跨過那條界線，其他人就別無選擇，只能跟著越線。自行車選手阿姆斯壯、短跑女將瓊絲和其他在自行車及短跑賽事中使用體能增強藥物的選手，只是遵循他們的優勢策略。其次，不常在某個運動項目中聽到禁藥相關的話題，並不表示這些人就沒有使用禁藥來取得優勢。或許是真的沒有什麼好報導的，但也有可能是沒有人深入探究。對運動員來說，問題很簡單：如果有許多對手都在作弊，而你沒有有效的方法來抓到他們，除非你也作弊，否則極有可能不會贏得比賽。

第四章

運動員的身價為什麼如此驚人？

——「超級巨星效應」與「風險趨避」如何影響球員身價

職業運動員賺很多錢。二〇一九年，有全職工作的二十五歲以上美國男性薪資中位數約為五萬兩千美元；[1]也就是超過一半的全職工作者賺取五萬兩千美元以上，而另一半的人則是賺得比五萬兩千美元少。美國四大聯盟的選手及頂尖國際足球聯盟的球員，賺取的薪資高出太多了。舉例來說，職棒大聯盟在二〇一九年的薪資中位數是一百四十萬美元；同樣地，NBA在二〇一八年到二〇一九年賽季的薪資中位數則是兩百六十五萬美元。[2]

情況並非一直都是如此，職棒大聯盟球員在一九六四年的薪資中位數，經通膨調整後是十二萬兩千美元；[3]而一九六四年所有全職男性雇員的收入中位數，同樣經通膨調整後是五萬兩千美元。[4]大聯盟球員在一九六四年賺的錢，差不多是一般美國男性雇員的兩倍，但卻是二〇一九年同樣美國男性雇員的二十七倍。以另一個角度來說，從一九六四年到二〇一九年，美國一般男性全職雇員的薪資維持不變，但是一般大聯盟球員的收入卻成長超過十一倍。

在圖表（圖三）中可以清楚看到，一般員工與頂尖職業運動員的薪資軌跡曲線有著明顯差距；這張圖表著重在大聯盟球員，但是其他體育項目的情況看起來也很類似。大聯盟球員與美國人口普查局（Census Bureau）所稱「製造業非管理階層員工」的平均薪資，在一九六七年都設定為一，且所有薪資數字都經通膨調整。在接下來五十年，非運動員的薪資幾乎不曾從一九六七年的水準移動，但是大聯盟球員的薪資卻穩定而陡直地上升。

運動員的薪資成長和為什麼薪資會隨著時間成長的細節，意味著至少三個問題：為什麼職業運動員會賺這麼多錢，特別是比他們過去賺的錢還多出這麼多？為什麼棒球與籃球明星球員可以拿到鉅額的保障合約，但是多數美式足球明星只要一季踢不好，就會失去百萬美元薪資？最後，為什麼球員與球隊老

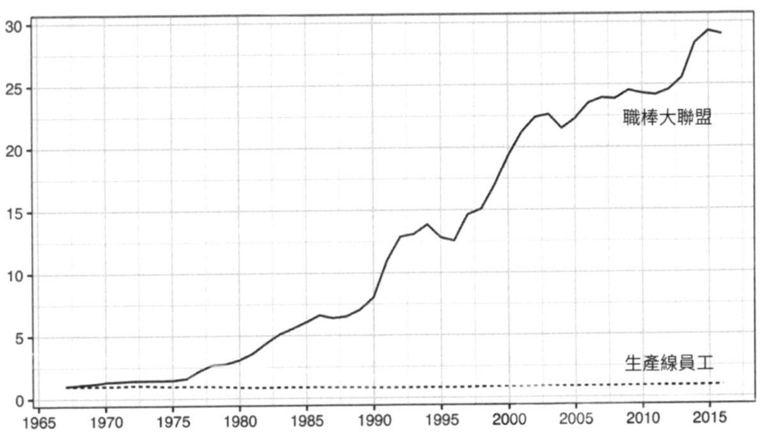

圖三　大聯盟球員與生產線員工的薪資成長（1967 年 = 1）

（由阿迪拉製圖）

鬧總是為了金錢爭吵，有時候如此激烈的意見分歧，甚至導致部分或整個賽季都取消？

這些問題的答案，按照順序就在以下三個數字背後的故事裡：四億三千萬美元、三億六千萬美元，以及五億八千萬美元。

獲得四億三千萬美元合約的球員

隨著二〇一九年的棒球賽季越來越近，大眾普遍認為「神鱒」麥可．楚奧特（Mike Trout）是世界上最佳棒球球員，自從在二〇一二年賽季以菜鳥之姿初次登場就震驚全場，他的成績一直超乎絕倫。他一直以來幾乎沒有傷勢，只在一季中錯失許多賽局。在每一季職棒大聯盟最有價值球員票選中，除了在錯失四分之一球季的賽季取得第四名外，他幾乎不是排名第一，就是第二。我最喜歡的棒球播客節目*Effectively Wild*，主持人總是討論在什麼程度的限制下，楚奧特還能維持大聯盟球員的水準。他們熱烈討論許久，舉例來說，假使楚奧特必須以倒退的方式跑壘，他的表現還能有多好？如果每次輪到他上場打擊時只能揮棒一次，他會有多少價值？還有（這不是我瞎掰的）他能否在生涯中假死，取得一個新身分，然後被選入棒球名人堂兩次。簡言之，楚奧特曾是（現在也是）傑出的棒球球員。

在賽季開始前不久，楚奧特與洛杉磯天使隊（Los Angeles Angels）簽訂一份十二年的合約，總金額為四億三千萬美元。這是北美運動史上最高額的保障合約，也讓楚奧特每年平均薪資達到將近三千六百萬美元，直到他三十九歲為止（只有少數打者在這個年紀還保有生產力）。

假使楚奧特在合約期間內出席每一場天使隊的賽事，每場比賽平均就會賺進二十一萬一千美元。楚奧特每花在棒球場上的幾個小時，賺的錢就相當於美國男性全職員工年薪中位數的四倍。

一般美國員工可能並不認為楚奧特值得這樣的薪資，有些人可能會說這一點都不「公平」，因為一般員工一小時只賺差不多二十五美元，日常支出都有問題了，更無法幫助子女贏在起跑點上，但楚奧特只是**打個比賽**就賺進百萬美元。

經濟學家也是人，所以我不禁能體諒這個觀點。技術精湛的棒球球員並不像農夫、護士或學校教師一樣服務他人，但是其他工作者也不像楚奧特一樣創造出這麼多的財務價值。

楚奧特能賺**這麼多**錢，有兩個原因：聯盟有許多錢可以花，以及楚奧特擁有稀有又珍貴的技巧，讓所屬球隊更好。

在楚奧特簽下歷史性合約的那年，大聯盟球隊總共賺進差不多一百一十億美元的營收。ESPN、福斯電視台（FOX）及Turner Sports體育轉播頻道加總起來，支付將近二十億美元給大聯盟，獲得全國比賽轉播權。[5]大聯盟又從旗下的串流與科技公司大聯盟先進媒體（MLB Advanced Media）裡，每年賺進八億美元。[6]

票券的銷售又加上數十億美元。由於天使隊有很大的媒體市場，因此通常會吸引大量人潮，儘管很難認定觀看楚奧特的球迷比例是多少，但明星球員總是會吸引人們入場。[7]有些球隊希望簽下像楚奧特這樣的球員，就可以透過更大的地方電視台交易來回收成本，但是這樣的邏輯在楚奧特的案例上並不適用，因為在他的菜鳥球季開始不久前，天使隊就已經簽訂一份電視台合約，而且合約會持續到楚奧特的整個職涯。但在其他高額合約裡，電視台的獲利是相關因素。

有這麼多的金錢牽涉其中，就是楚奧特分配到如此多財富的原因，其實只是供給與需求。可能並不「公平」，但這就是市場機制。別忘了，經濟學就是研究稀有資源，而在每一季大聯盟裡都能擊出四十支全壘打的能力，就是其中一種稀有資源。

評估球員價值的「勝場貢獻值」

評斷棒球人才價值的半官方貨幣就是「勝場數」，球隊會支付任何認為可以讓它們獲得更多勝場數的事物。贏得球賽可以讓票券更好出售，接著可以拿到更高額的電視轉播權費用，並從季後賽門票與銷售周邊商品中獲利。

勝場數的市場很像股票市場，投資者賭一支股票，因為從公司良好的財務表現裡，認為未來能獲利；同樣地，如果對勝場數的預期報酬（可以轉換為金錢）夠高，大聯盟球隊也會投資球員。

回溯到一九七四年，其中一位著名運動經濟學家傑拉德·斯庫里（Gerald Scully），是

（我所知道）第一個開始計算大聯盟球員價值的人。他預估當時最受矚目的球星漢克・阿倫（Hank Aaron）會「成為在大約二十場球賽裡的勝敗關鍵」，而且對所屬球隊而言，他的身價是六十萬美元（以一九七一年的幣值計算）。斯庫里的計算在當時非常創新，但在接下來數十年，棒球的數據變得更精細。賽伯計量學家（Sabermetricians）是美國棒球研究學會（Society for American Baseball Research）的球迷與分析師的稱謂，這些人訂定棒球進階統計分析的早期標準，根據球員可以增加球隊多少預期成功數，變得非常講究如何決定球員的相對價值。他們開發的其中一項統計數字，成為現今比較各球員的標準：「勝場貢獻值」（Wins Above Replacement），或稱為WAR值。

勝場貢獻值是用來預估當這個球員無法上場，所屬球隊使用「替補」球員時，該球隊的勝場會少幾場。替補球員通常只是小聯盟裡最好的球員，所以和頂尖聯盟的其他球員相比，他們的表現會低於平均。現代的賽伯計量學家根據阿倫在一九七一年賽季時的表現，給他的勝場貢獻值為八，表示亞特蘭大勇士隊（Atlanta Braves）那一年如果用一個小聯盟等級中頂尖的右外野手替換阿倫，勇士隊就會少贏八場比賽。[8]

楚奧特在職涯中至少和阿倫在一九七一年時的表現一樣好，平均每季勝場貢獻值為八到十。二〇一八年，當楚奧特先前的合約快要到期時，天使隊想確保可以繼續從楚奧特的能力中獲益。雖然球隊還可以保有楚奧特兩個賽季，但是楚奧特可能在二〇二〇年年底成為自由球員，也就是說他可以去任何球隊。查看其他近期的合約，並預測未來聯盟的營收後，天使隊可以料想到，假如楚奧特成為自由球員，可能會拿到每季五千萬美元或更高金額的合約。這是因為棒球市場使用和股票市場類似的方式，已經根據二〇一七年的評價，決定一個預期勝場差不多價值一千零五十萬美元（同時也預測這個價格會在二〇一九年上漲到一千兩百萬美元）。[9]有鑑於楚奧特能取得八場以上的勝場，所以他獲得每年三千六百萬美元的薪資，可以視為大幅的折扣（稍後會再回來說明這一點）。

因此，楚奧特是貨真價實地值得四億三千萬美元，也就是每年三千六百萬美元的薪資。但是為什麼昔日的超級球星泰德．威廉斯（Ted Williams）與米奇．曼托（Mickey Mantle）活躍於球場時，沒有價值三千六百萬美元的年薪？他們在某些時間點都是當時薪資最高的大聯盟球員，每年賺進九萬美元，[10]經通膨調整後，相當於七十六萬美元（曼托在一九六二年的薪資），或八十八萬五千美元美元（威廉斯在一九五一年的薪資）。雖然曼托與威廉斯的收入確實不錯，但卻遠遠不及楚奧特的四十分之一。在大聯盟球員裡，和曼托與威廉斯在二〇一九年巔峰時期差不多薪資的球員，包括生涯平均打擊率〇．二〇〇的浪人捕手克里斯．何曼（Chris Hermann），通常在比賽結果大勢底定時，才會上場的後援投手艾利克斯．威爾森（Alex Wilson），以及外野手傑克．伯德特．夏克（Jack Burdett Shuck），他在二〇一三年備受矚目的菜鳥球季後，就不曾在任何一年為效力的球隊打超過半數的球賽。在那個同樣的賽季裡，一名仲裁人判定生涯最高紀錄七十三打點（Run Batted In, RBI）和二十三支全壘打，表現不錯的五年資深中外野手湯米．范姆（Tommy Pham）價值四百一十萬美元的薪資。所以，現今一位表現不錯球員賺取的薪資，比威廉斯和曼托在巔峰時期賺取的薪資還多了差不多五倍。[11]

球員薪酬不斷上漲的原因

這樣的薪資膨脹不僅限於棒球。在美國的其他團體運動項目、歐洲足球聯賽，以及網球、高爾夫球與賽車等其他個人項目裡，薪資也都有所增加。是什麼改變了？為什麼在過去五十年，棒球界和其他體育項目的薪資水準有了兩位數的倍數成長？這樣的暴增可以用三個經濟學因素來解釋：科技改變、競爭及所得分配。

科技進展下的超級巨星效應

從威廉斯與曼托的年代至今，科技進展已經產生經濟學家舒爾文．羅森（Sherwin Rosen）所說的「超級巨星效應」（superstar effect）。全國和地方網絡支付數十億美元轉播主要的聯盟賽事，而職棒大聯盟從網路轉播權就賺了差不多十億美元。當然情況並不總是如此，在一九五〇年代與一九六〇年代，網路尚未誕生，大多數家庭有電視機，但轉播現場的體育賽事卻非常困難又昂貴，轉播的品質也受限。當時的民眾並不是在四十吋以上高畫質螢幕前欣賞球賽，而是在小小的黑白電視機前收看，國內大多數區域最好的收訊品質，還是會傳回模糊畫面。

隨著時間經過，透過引進彩色技術、更多的攝影角度、即時回顧及其他改善，轉播品質變得越來越好。觀眾的最佳選擇也從親自到現場觀看球賽，轉為在電視機前收看比賽。大多數的球迷會同意，最好看的棒球比賽就是職棒大聯盟。但是在曼托與威廉斯的年代，當地棒球場上的球迷只有「爛視野的精彩球賽」或「較好視野的次等比賽」這兩種選擇，例如美國軍團（American Legion）、半職業賽，或是小聯盟棒球賽。曼托和威廉斯是當時的超級球星，但觀看他們的比賽並非總是最佳選擇。有了今天的高畫質電視，楚奧特和其他當代的超級球星就可以分到更多棒球的觀眾，也可以藉此要求更高的薪資。如同羅森與另一位經濟學家艾倫・桑德森（Allen Sanderson）所說的：「以每位觀眾來看，一個明星球員的身價只比一個普通球員高出幾美元，但是擁有很多的觀眾。」[12]

這種超級巨星效應不僅限於棒球，其他運動的地方聯賽也因為人們在電視機前觀看世界上最好看的比賽而被取代，但也不僅限於體育賽事。想想演員凱文・哈特（Kevin Hart），他一開始是成功的單口喜劇演員，在小場地表演。假使他早出生幾十年，整個職涯大概都會待在那個小場地，但是多虧電影和有線電視等大眾媒體出現，哈特藉著拍攝電影與在電視上播出單口喜劇特別節目，賺進數百萬美元。據《富比士》估計，哈特在最近一年內賺得五千七百萬美元，對前一個世代只能靠巡迴演出賺錢的喜劇演員來說，這是前所未聞的數字。[13]即便是古典音樂的超級巨星，也能在超級巨星效應下取得賺錢的機會。大提琴家馬友友每年藉著與蘋果（Apple）和現代汽車（Hyundai）的廣告與錄音合作，賺進數百萬美元；在上一個世代，當古典音樂家還只能在一次又一次的演出中累積聽眾時，最知名的大提琴家與另一個天賦差不多的大提琴家相比，差距還沒有這麼極端，因為兩位大提琴家都是在當地的聽眾面前演奏。簡言之，科技改變擴展傑出音樂家、喜劇演員及運動員的觸角，為這些超級巨星灑下黃金雨。

自由球員制度開啟競爭時代

楚奧特能賺到連威廉斯做夢都沒想過的錢，第二個原因是一個經濟活動中影響深遠的驅動因子：競爭。威廉斯、曼托和其他在那個年代的棒球球員，可以將微薄的薪資部分歸咎於奧利弗・溫德爾・霍姆斯（Oliver Wendell Holmes）。霍姆斯是一九二二年美國最高法院裁定聯邦棒球俱樂部（Federal Baseball Club）訴全國聯盟（National League）一案的大法官，他對該案件的想法是，一九八〇年禁止美國企業壟斷與反競爭做法的《薛爾曼反托拉斯法》（Sherman Antitrust Act）並不適用於職棒大聯盟，因為其「商業行為是展現棒球，而這純粹是國家事務。」[14]

這項判決直到一九五六年春天都還有效，當時曼托正要贏得他的第一座最有價值球員獎，而威廉斯（雖然已在富有傳奇色彩的職涯晚期）正在打另一場全明星賽事。當曼托與威廉斯忙碌於球場時，芝加哥大學（University of Chicago）經濟學家賽門・羅騰堡（Simon Rottenberg）正忙於研究。那年六月，羅騰堡在《政治經濟學刊》（*Journal of Political Economy*）上發表「棒球球員的勞動市場」（The Baseball Players' Labor Market）一文，運動經濟學的學術領域就此誕生。[15] 羅騰堡指出，棒球球員薪資最主要的阻礙就是球隊對球員的特權，也就是在球隊之間被稱為保留條款（Reserve Clause）的協議，這項條款嚴重限制球員的選擇。在保留條款之下，即使球員的合約已經結束，所屬球隊還是握有可以掌控球員職涯的特權。羅騰堡寫道：這樣的球員「可能會退出職棒界，尋求其他的人生規劃，卻不能在競標的棒球球團中自由選擇。」羅騰堡接著表示，限制球員的自由（例如，「高營收球隊會簽下所有的明星球員，使得其他球隊只能選擇剩下的球員」）不存在正當理由，即使是小眾市場的隊伍都可以保有競爭力。他的預測結果非常準確。

羅騰堡的論文帶動運動經濟學相關論述的蓬勃發展，同時因為明星外野手柯特・佛拉德（Curt Flood）與大聯盟球員工會（MLB Players' Association）理事長馬文・米勒（Marvin Miller）的關係，也預見棒球球員的薪資暴漲。佛拉德是一九六〇年代非常優秀的球員，認為把自己的球隊生涯與選上他的球隊綁在一起是不公平的。當紅雀隊（Saint Louis Cardinals）要將佛拉德交易到費城費城人隊（Philadelphia Phillies）時，他以身為自由球員的權利控告職棒大聯盟。這起案件同樣上訴到最高法院，再次裁定《薛爾曼反托拉斯法》不適用於棒球，但是當時對於佛拉德案件的判決比之前的決定薄弱，因此大聯盟球員工會理事長米勒才得以利用這樣的發展。拜米勒在接下來幾年代表其他球員做的一切所賜，球隊終於無法再掌控球員的權利。

從一九七五年開始（當米勒的努力促成棒球的保留條款在一場仲裁案中終結時），美國職業運動聯盟及其球員工會就集體協商，交涉球員在隊伍之間轉移的權利。在所有運動裡，至少幾年的聯盟年資後，如今球員在合約到期後就會成為自由球員，可以和任何喜歡的球隊簽約。

楚奧特擁有曼托與威廉斯的兩個選擇（為被指派到的球隊打球，或是完全放棄棒球）以外的第三個選擇：他可以成為自由球員，和任何提供最佳條件的球隊簽約。無須多言，第三個選項大幅影響他和天使隊的協商。

競爭對於棒球薪資的影響相當明顯，可以看到球員薪資從自由球員制度開始後便快速成長。綽號「鯰魚」的吉姆·杭特（Jim Hunter）是第一個自由球員，他在一九七四年與紐約洋基隊（New York Yankees）簽訂五年四百五十萬美元的合約，這份合約的金額比其他之前簽訂的合約都還要可觀。在一九六四年到一九七四年間，聯盟中的最高薪資成長一三八％，但是在接下來十年，由於自由球員制度的出現，薪資成長七〇〇％。[16]如此迅速的成長在大聯盟裡前所未見，其他聯盟如NFL或NBA，在開始自由球員制度後，也反映出同樣的薪資成長。

薪資兩極化，富人對運動賽事消費不手軟

讓楚奧特比曼托或威廉斯賺更多錢的第三個原因（除了科技與競爭外）是所得不均。科技與超級巨星效應在增加頂尖運動員和其他明星（相對於較不成功的同儕）的薪資時，美國的經濟（及其他國家的經濟）同樣也受到這股趨勢影響。

過去數十年來，美國的有錢人越來越富有。所得排名前一％的美國人，收入占所有受薪階級所得的比例，從一九六〇年代與一九七〇年代的一〇％，成長到近幾年的將近二五％。[17]自一九七〇年到二〇一一年，標準普爾五百指數（Standard & Poor's 500）的公司執行長，平均薪資（經通膨調整後）從略高於一百萬美元成長到將近一千一百萬美元，[18]頂尖律師、避險基金經理人及其他執行長的薪資，也以同樣的幅度成長。[19]

這些富人增加昂貴票券與運動賽事體驗的需求，兩者都是因為透過他們龐大的財富，以及他們能控管經營事業裡可扣抵稅額支出的帳戶。想想洋基隊，大概是擁有最多有錢球迷的球隊。洋基棒球場（Yankee Stadium）的包廂座位很棒，在一九七〇年的票價經通膨調整後，相當於二〇一九年的二十六美元，[20]但是一樣的門票在二〇一九年卻要價三百美元，超過十一

倍之多。

洋基隊和其他球隊想出更多豪奢的方式，款待這一%的富人。洋基棒球場裡的豪華包廂，提供比賽票券、食物、特別舒適的座椅、高畫質電視（你大老遠到球場上觀看球賽，還是能在電視上更清楚地觀賞比賽），以及提供二十二人使用的無線網路，每場比賽擁有這些享受的價值介於八千五百美元到兩萬美元之間。如果洋基隊在每一場主場球賽都賣出幾張這樣的包廂門票，就足以支付另一位超級球星的八位數薪資。[21]

願意支付如此豪華洋基棒球場包廂門票的意願逐年飆升，因為想要這些票券的球迷薪資跟著飛漲，進而也成為洋基隊薪資大漲的主因，這是富者越富產生的良性循環。

簡單來說，與曼托和威廉斯相比，楚奧特是在對的時間出現。當楚奧特開始在大聯盟效力時，科技已經大幅擴大棒球的觀眾，球員已經從保留條款的契約奴役中解放，而美國也有許多超級富翁想要在運動賽事裡炫耀，楚奧特有四億三千萬個理由要感謝這些趨勢。

三億六千萬美元合約的坑洞

二〇二〇年，大約在楚奧特簽訂棒球史上最高額合約後的一年半，四分衛派屈克．馬霍姆斯（Patrick Mahomes）與ＮＦＬ堪薩斯酋長隊（Kansas City Chiefs）簽訂五億零兩百萬美元的合約，這是ＮＦＬ史上最高額的合約。[22]如同楚奧特與曼托相比，相較於昔日的強尼．尤尼塔斯（Johnny Unitas）及其他ＮＦＬ的四分衛而言，馬霍姆斯的薪資相當優渥。其中一項分析顯示，從一九六九年到二〇一三年，經通膨調整後，ＮＦＬ的平均薪資已增漲十二倍，[23]這個差距之後只會越來越大。

即使楚奧特的合約金額似乎比馬霍姆斯稍少，大多數人會（或至少在財務上來說）偏好楚奧特的情況。如果在合約期間的某個時間點，楚奧特受傷導致無法打球，每年還是可以拿到三千六百萬美元；如果他決定再也不想打棒球，只是敷衍了事地履行合約，每年還是可以拿到三千六百萬美元，他的四億三千萬美元是保證可以拿到的薪資。

與此同時，馬霍姆斯只有在一切順利時，才能拿到五億零兩百萬美元。酋長隊隨時可以開除他，然後從此每年省下三千萬美元，馬霍姆斯的保障合約總金額只有一億四千一百萬美元，差不多比合約的最大值還少三億六千萬美元。

為什麼會有三億六千萬美元的鴻溝存在?為什麼酋長隊可以直接開除馬霍姆斯,節省數千萬美元,而天使隊卻無論如何都還要支付楚奧特薪資?NFL的合約和其他體育項目的合約,在金額與保證上不盡相同,因此也出現一個難題。

最自然的反應會表示,這樣的差異是由於在NFL中受傷率較高,因此美式足球隊不願意保證高額合約是合理的,但這樣的說法實在是大錯特錯。

長期合約的兩個特點,可以解釋楚奧特與馬霍姆斯之間保證金額的差異。首先,這種長期合約讓球隊和球員可以做好規劃。酋長隊知道馬霍姆斯會在這幾年擔任球隊的四分衛,而天使隊知道楚奧特會在這幾年擔任球隊的中外野手,讓兩支球隊可以利用兩名球員各自的形象,行銷球賽票券與周邊商品,販售有他們個別名字和背號的昂貴服飾,並且決定如何運用其他球員搭配這兩位優秀的四分衛與中外野手。

其次,球隊有效地擔任該名球員的保險公司。運動員的技能就像你的房屋或健康:是運動員總資產的極大一部分。如果馬霍姆斯的美式足球能力或楚奧特的棒球能力出了差錯,而他們沒有長期合約就會遭遇大麻煩。如同大多數人會選擇投保健康保險和房屋保險,馬霍姆斯與楚奧特可能也想要保險保單保障他們的運動能力。這些費用有一天可能派上用場，就像之前擁有NFL最高額合約的印第安納波利斯小馬隊（Indianapolis Colts）四分衛安德魯・拉克（Andrew Luck），即便在二〇一七年整個賽季都沒有出賽，還是賺進數百萬美元。

重新以經濟學術語來說，投保健康保險或房屋保險的人是在**風險趨避**（risk averse），他們偏好支付一些金額，以防遭遇糟糕的情況。例如，你的房子可能價值五十萬美元，而這間房子有〇・一%的機會在今年可能損毀，即使預期損失只有五百美元（五十萬美元的〇・一%），你可能還是會願意支付一千元美元投保房屋保險。

在談到球員的合約時，球隊就等於保險公司，而運動員就是屋主。[24]球隊擁有許多不同組合的美式足球人才資產，任何一位球員都有可能受傷、缺席今年賽季，或是失去能力，使得表現不再出色。如果該球員持有長期合約，球隊就會承受損失。這樣的狀況雖然會讓球隊受損，但是與球隊相比，球員更容易受到傷害。同時，另一位球員可能表現得比預期出色，但是球隊卻可以不用加薪，達到他在開放市場上可以賺到的薪資，可以在下一季繼續支付合約訂定的薪資。每位球員都放棄一些潛在利潤，球隊就會願意承擔風險。

這樣的安排對選手來說可行，對球隊也是，但是只有在長期合約支付的薪資低於球員是自由球員，每年球隊需支付的薪資時才適用，也就是球員必須提供球隊折扣，才能取得這份保險保單，就像你支付保險費，平均而言，會對保險公司有利。

我知道這是很難理解消化的一點，因為即便對於像楚奧特一樣的球員來說，四億三千萬美元也很難說是折扣價，但這就是事實。分析棒球合約的作家表示，球員會簽訂比他們當時身價更低的合約，確保長期收入來源。一般來說，球星會將實際身價打九折，換取更有保障的幾年。[25]

棒球員為何比足球員擁有更好的保障？

有了這樣的觀念後，我們就可以回到原先的難題，談談為什麼楚奧特會拿到比馬霍姆斯更多的保險。我們的保險模型其實預測得恰好相反；因為足球受重傷的機率比棒球來得高，所以和棒球隊相比，足球隊應該願意幫球員投保**更**高額的保險。別忘了，雖然這支球隊會因為要支付這位不能出賽的球員數百萬美元而不愉快，但是假使球員需要承受財務上的後果，其實會比球隊更不開心。因為足球是更危險的運動，而足球隊也比棒球隊有更多的球員名單（因此可以在大量球員之間分攤球隊的風險），所以足球隊應該提供比棒球隊更多的保險。馬霍姆斯知道他有很大的受傷風險，因此如果球隊保障他的收入，會比楚奧特更願意給球隊多一點折扣。

從另一個角度來說，保險公司接收所有你持有房屋的下方風險（downside risk），而保障合約則是吸收所有運動員收入的下方風險。這份保險的價值對美式足球員而言應該較高，因此經濟學家預期（在其他條件相同的情況下）對足球球員會有更多的保障。

所以如果棒球球員需要的保險比足球球員少，為什麼他們會拿得比較多？為什麼天使隊吸收所有楚奧特的風險，但是酋長隊卻只接收馬霍姆斯一小部分的下方風險？

雖然無法證明為什麼棒球球員擁有較好的保障，但是我有一個假設與事實及基本的經濟學相符。踢足球既痛苦又艱難，足球球員需要更強烈的外在回饋才會願意承受這樣的苦難。或許這個想法可以透過前NFL線鋒羅斯·塔克（Ross Tucker）的敘述來妥善表達：「二〇〇四年，即使知道自己有椎間盤突出，我仍代表水牛城比爾隊（Buffalo Bills）出戰當時賽季的最後四場比賽。我這麼做是出於對隊友的責任感，因為我們正在贏球，更重要的是，假如我上場進攻的時間超過八成，就會獲得豐厚獎金，而我很幸運能夠做到。」[26]

如果保障高額合約會讓球員較不願意付出全力，球隊就不會這麼做。球員可能會自問：都是賺一樣的錢，為什麼要這麼努力？所以，提供給棒球與足球的保險金額差異，可能可以藉由一個理論來解釋，就是踢足球比打棒球困難，也因此場上表現的財務誘因更重要，楚奧特和隊友並不需要像馬霍姆斯一樣的財務誘因來付出全力。

合約或許可以保障球員避免財務損失，卻無法保障許多NFL退役球員由於在比賽中承受太多重擊而降低的生活品質。如果外場接球員不需要一些更精彩的比賽表現，確保明年還在球員名單裡，他或許單純就是不想在場地中央跳起接球，以及遭受來自防守二線衛的重擊。

最近NFL有一些相對年輕又有生產力的足球員退休，最受矚目的退役球員是小馬隊的超級巨星四分衛拉克，也是我們在史丹佛的家鄉最愛，他在三十歲前宣布退休，放棄能賺進數千萬美元的機會。這些退休的決定，顯示球隊需要穩定不斷的激勵誘因來留住球員，不讓他們選擇較安全的路而離開球場。楚奧特不需要將自己放在那些危險的情況裡，或許這也是天使隊較不擔心需要支付他超過十年鉅額薪資的原因。當然，經濟學家在棒球、籃球與足球球員簽訂高額長期合約後，發現一些「偷懶」的證據，但是證據並不一致，而且發現的數量通常也不多。[27]

運動場上就如同生活之中，人們得到的薪資與如何賺取這些薪資的方式，其實就是平衡風險和保險。工作越困難，就需要更多激勵誘因去從事這份工作。就如同有份微不足道工作的員工要保持高度警覺，還要承擔表現不好就可能會失業的風險，足球球員需要有外在動機，讓他們願意置身危險之中。這些經濟現實適用於楚奧特的狀況，但是對馬霍姆斯來說，可能就要付出三億六千萬美元的代價。

勞資協議如何搞砸五億八千萬美元？

職業球隊與球員可以認同球員值得高額的薪資，並且在不同的程度上，確保球員的職涯也合情合理。NBA擁有美國職業體育聯盟中最高的平均薪資，雖然NBA球隊老闆可能不喜歡支付數百萬美元，但是他們支出的錢可以有不錯的利潤回收。那麼，為什麼NBA球隊老闆和球員會大吵一架，導致他們在二〇一一年秋季把五億八千萬美元丟進垃圾桶？答案就是很簡單的六個字：集體勞資協議（Collective Bargaining Agreement, CBA）。

美國主要的職業體育聯盟之所以會存在，是來自球隊老闆（及他們僱用的球隊經理）與上場比賽運動員之間的約定。球隊不再擁有壟斷球員整個職涯的權利，每個體育項目的球員在某些時間點後都可以成為自由球員，而且在有資格成為自由球員之前，他們也擁有避免被剝削的其他權利。球員可以和球隊個別商談合約，而這樣的勞動市場也就與律師、銀行家或建築師的勞動市場沒什麼兩樣。

然而，有別於上述提及的大多數團體，還有主要因為體育界的剝削歷史，美國職業團隊運動的所有運動員都投票組成工會，這讓每項運動的協商都有兩個層級：個別球隊與球員協商合約，以及所有球隊老闆作為一組人馬，和球員工會協商整體的交易。

為什麼兩方人馬會想要第二個層級呢？在美國法律下，無論球隊是否想要這麼做都無所謂。一九三五年的《全國勞動關係法》（National Labor Relations Act）賦予工作者組成工會的權利。一旦工會成立，工會就會代表球員與球隊協商，解決至關重要的集體勞資協議。

工會與集體勞資協議提供有用的服務給所有相關單位，球員有律師為他們發聲來避免被剝削，而球隊老闆則能透過NBA總裁辦公室以團體方式協商，確保他們的利益也受到顧及。

但是**集體**協商將市場從等式中移除了，從經濟學的觀點來看，這可能會造成問題。集體勞資協議通常制定最低薪資、退休金安排、最長合約時間（至少在NBA中）、職涯早期的自由球員限制、球隊薪資上限（在NBA、NFL與國家冰上曲棍球聯盟（National Hockey League, NHL）裡），以及許多其他的細節。

然後，就是錢。NBA球員工會和NBA所有球隊老闆，都必須同意如何劃分賺取的數十億美元。NBA集體勞資協議在二〇一〇年到二〇一一年賽季時到期，那一年NBA宣稱總營收是四十億美元，也就是每支球隊分配超過一億美元，而每位球員則是將近一千萬美元。比較一下兩種情況：球隊老闆與球員直接將這筆金額均分；或是球員拿五五%，球隊老闆拿四五%。後者會讓一般球隊老闆每年少拿六百七十萬美元，而讓一般球員多拿五十五萬六千美元，雙方顯然有很大的動機針對集體勞資協議進行激烈協商。

勞資談判時的最佳替代方案

在決定如何協商時，球員與球隊老闆需要了解談判協議的最佳替代方案（Best Alternative to a Negotiated Agreement, BATNA），換句話說，他們需要知道自己的下一個最佳選項。還記得如果天使隊沒有提供楚奧特足夠的薪資，楚奧特就可以指望另一支職棒大聯盟球隊開出更大方的薪資嗎？這表示他與天使隊的BATNA，非常接近後來天使隊提供的十二年四億三千萬美元合約。如果差距很大，他就不會接受那份合約，或是天使隊可能不會提出這樣的合約。

NBA球員工會的BATNA，在與球隊老闆協商集體勞資協議時不太好。球隊老闆有大型場地的租約、大型電視合約、能夠吸引顧客的品牌，以及許多其他的資產，可以將球員的才能轉為現金；而球員在與ＮＢＡ球隊老闆交易外，無法在其他地方複製這樣的條件（儘管在電影《空中飛鳥》（*High Flying Bird*）中，籃球選手曾在集體勞資協議爭議時試著這麼做）。任何其他的安排，例如球員從事籃球以外的工作，或是到其他國家或地方聯盟打球，都會讓他們的收入削減到只有ＮＢＡ薪資的一小部分。

球隊老闆的ＢＡＴＮＡ，在與球員工會協商時同樣不具吸引力。ＮＢＡ球員是世界上最棒也最有市場價值的籃球人才集錦，和其他籃球團體有著極大差距。如果ＮＢＡ試圖讓非工會的球員上場（以工會的術語來說，如果他們僱用「工賊」的話），它們的電視台合約就會失效，比賽門票的收入會大幅下滑，而周邊商品的銷售也會崩潰。許多球隊將面臨困境，需要繼續經營突然變成昂貴卻無用的大型體育場館。

有一個最貼切的比喻可以形容由雙方創造，從而在協議中帶來獨特資產的價值：「餅的大小」，當雙方合作可以獲得許多好處時，餅就會較大；但是如果有權分到餅的人，彼此爭執分到的餅應該多大塊，他們往往會冒著縮小整塊餅的風險。集體勞資協議的協商正好完美符合這個比喻（雖然讀者可以自由選擇其他同樣適當的比喻：殺了下金蛋的鵝）。

NBA球員工會和NBA球隊老闆協商集體勞資協議的同時，需要解決許多細節，但是我們著重在其中一點就好：球隊老闆會在球員的薪資上花多少錢？球隊老闆想要每年減少支付四億美元的薪資。

這看起來可能是很大幅度的減薪，卻沒有任何一個正確的方法來分割這塊餅。如果雙方互不讓步，這塊餅就會縮水，從四十億美元縮減到只有四十億美元的一小部分。所以雙方都可以信誓旦旦地說：「你們最好對我們要求的條件讓步，因為沒有我們，你們什麼都不是。」而另一方也可以理直氣壯地回答：「對你們來說也一樣，所以是你們要對**我們**想要的讓步。」由於無法取得共識，導致這些球隊老闆開始「封鎖」球員，也就是達成新的集體勞資協議決議前，取消整個賽季。

雙方在二〇一一年十二月終於達成新的集體勞資協議，整個賽季卻已經縮短，損失的營收（也就是這個賽季縮水的餅）是數億美元：根據我的估計，是五億八千萬美元。[28]這筆金額是球隊與球員永遠都拿不回來的錢，整體的經濟損失更是慘重，因為球迷失去享受比賽的價值，而在比賽現場工作的人員也喪失賺錢的機會。

在關係中為餅而爭鬥的情況，絕對不僅限於籃球。對所有主要的美國運動而言，協商集體勞資協議都相當困難，而且在所有的協商中，都會出現工作停擺，因為球員與球隊老闆不斷爭執該如何分配這塊餅。同樣的情況也出現在其他的工會協商裡，鋼鐵廠、車廠、教師及其他職業也在協商新合約時，進行罷工或關廠（或是威脅罷工，並關廠停工）。偶爾這些事情會導致工廠倒閉，而員工急於維持生計。通常在稍微威脅要採取極端手段後，交易會在工廠關閉之前達成，但是有時候在終於達成協議，也讓生意重新上軌道前，雙方在財務方面都會損失慘重。

五億八千萬美元是很大金額的浪費，三億六千萬美元對一個要在容易受傷的比賽中冒險的人來說很多，而支付一個人四億三千萬美元讓他出賽也是一筆不小的錢，但是這些數字都反映出運動員在網路和電視普及的現代世界所創造的價值，最頂尖的運動員何其有幸，生在這個富者越富的世界。

第五章

如何決定把球踢向哪一邊？

——「混合策略均衡」左右運動員的戰術選擇

夏日午後，位於史丹佛大學的寬廣校園裡，我家的車庫門敞開。徐徐微風吹拂，讓車庫十分涼爽，比賽的戰火隨著第四局比賽即將結束而越演越烈，這是我和兒子大衛之間五局三勝制桌球大戰的第四局。雖然我曾是這個家裡的桌球之王，但大衛已經超越我，只要再一分，他就會讓我再吞下一場消滅士氣的敗仗。短暫地來回接發球後，我打出一個有點弱的球到大衛的正手，我立刻知道他會試著殺球來贏得比賽。大衛的正手殺球在他瞄準對角球是相當有把握的，於是我將身體偏向那一側，猜想大衛會往他的強邊打。然而，球卻在我的身後壓線，比賽結束，大衛獲勝。

桌球只是我們家的遊戲比賽，大衛和我有時候可能會對這個比賽太認真，但最終我們其實只是把它當作休閒樂趣。然而，那場比賽的最後一分，說明一場比賽可以成為賽局理論的理由。大衛要在打出正手對角球或壓線球之間做選擇，而我則是要決定偏左或偏右，這些選擇與決定都來自我們在潛意識中，運用經濟學領域裡賽局理論的原則。以經濟學的說法是，我們每個人都想追求效用極大化——在這個案例裡，是極大化我們贏得那一分的機會，同時知道對手也在做出精心算計、策略性且利己的選擇，試著極大化效用。

經濟學家可能會表示，決定要把球打向哪邊和如何偏向一邊，會構成「混合策略均衡」（Mixed-Strategy Equilibrium）。隨著時間與練習，大衛和我已經知道要如何分配對方做出每個選擇的機率，同時也試著以大概隨機的方式改變我們的選擇。大衛並不一定會打對角球，就算那是他最厲害的強項，因為如果他打了對角球，我總是會在對角線上等待；有時候他會打壓線球，但是因為他並不是很擅長壓線球，所以這只是為了讓我無法猜透他的策略。在我們得到的均衡中，大衛無論打什麼球通常都一樣會成功；而我不論偏向哪一邊，通常也會成功。

要找到一個運動迷真的在乎混合策略的場合不難。賽局理論可能聽起來小眾又冷門（而且有時候（好吧！大多數時候）確實如此），不過一旦你有一些了解後，就無法再用同樣的眼光看待足球、網球或棒球比賽。在這些運動中的每一項運動和多數的體育項目裡，如何妥善運用「混合策略」與成功有關，而混合策略中很關鍵的兩件事是：知道選擇每一個策略的頻率，以及隨機的混合策略，這樣才能讓令人捉摸不透。

罰球時的同步行動賽局

混合策略均衡有一個備受關注的例子，就是足球比賽中的罰球與互射十二碼球，這通常會決定重要足球比賽的結果。雖然十二碼罰球和場上比賽進行中的狀況不太相同，但在比賽正規時間終了卻仍未分出勝負時，它是傳統上用來決定淘汰賽結果的方式。義大利兩次踢進世界盃決賽，都是以罰球的方式決定最終比賽結果，在一九九四年輸給巴西，而在二〇〇六年則贏了法國。足球界最盛大賽事——歐洲足球冠軍聯賽（UEFA Champions League），在一九八〇年到二〇二〇年間，有十一場決賽都由互射十二碼球決定比賽結果。在國際錦標賽和其他足球聯盟盃賽及錦標賽中，十二碼罰球是在比賽規定時間結束仍平手時，用來分出勝負的標準方式。由於使用十二碼罰球決定比賽結果會有很高的風險，不熟悉足球的球迷可能會以為，在十二碼罰球過程裡有許多深謀遠慮與精心策劃，讓雙方主將進行緊張刺激的純技巧對決，但那只是太天真浪漫的想法，在最高水準的比賽中，互射十二碼球涉及一點運氣，還有如何控制緊張情緒的能力。

在標準的互射十二碼球決賽裡，兩隊會輪流執行罰球。每支隊伍有五次射門機會，雖然比賽可能會在其中一隊獲得決定性優勢時提早結束，但是只要比數仍然平手，就會增加額外的罰球。罰球是在距離球門十二碼的距離射門，只有守門員是唯一的防守者。執行罰球的球員基本上有三個選項：往左踢、往右踢或筆直往球門中央踢；同樣地，守門員也可以往左撲、往右撲或保持在球門中央。因為球員距離球門很近，守門員沒有足夠的時間判斷與反應，因此必須在對方正接近球時，就猜測應該撲向哪個方向。賽局理論學者將罰球稱為「同步行動」（simultaneous move）賽局，因為雙方球員都在不知道對手會做出什麼選擇的情況下做決定。

就像我家的桌球決鬥，互射十二碼球的球員被迫要利用他們對自己和對手擁有的資訊，做出非常簡單的戰術性決定。往左、往右或筆直地朝著球門中央射門？往左撲、往右撲或不撲球？

我們先從一個簡單的場景開始，假設執行罰球的球員只有兩個選擇：往左踢或往右踢；而守門員同樣也有兩個選擇：往左撲或往右撲。[1]假設守門員無論撲向哪一方都一樣強，而且如果他撲往踢球的方向，就有五〇%的機率可以阻擋那顆球。同樣假設所有射門者都是慣用右腳踢球，並且踢向左邊會比踢向右邊更精準。[2]如果我們假定一位執行罰球的球員往左踢的成功得分機率是九六％，而往右踢則是八〇％。你率先會想到的，可能是這位球員應該都往左踢，因為那是他射門得分的最好機會。

當然，這樣的理論不成立，因為如果這麼做，守門員就永遠會撲向左邊，而執行罰球的球員的成功率也會變成四八％：他有九六％的機率成功得分，而守門員有一半的機率可以救到球。這麼一來，往右踢看起來是較好的選擇。

然而在現實裡，無論哪一邊都不該是更吸引人的選項。在均衡的狀態下，無論踢向哪個方向，執行罰球的球員一定擁有同樣的得分機率；而守門員不管撲往哪一個方向，也一定有同樣的救球機率。隱含的邏輯其實很直覺：如果某個方向成功機率較高，執行罰球的球員就會增加踢向那個方向的機率，因為較容易成功，而守門員也是如此。

十二碼罰球攻防雙方的機率分析

執行罰球的球員往左射門的準確度為九六％，往右射門的準確度則是八〇％，以這兩個數據加上守門員猜對邊的五〇％救球率來看，可以用數學計算推導出在這個假設中雙方的最佳策略。計算其實很簡單，但是這個觀念需要很深的數理見解。這個觀念是由數學家約翰・馮紐曼（John von Neumann，他對核子武器的創造也有深遠貢獻），以及經濟學家奧斯卡・摩根斯坦（Oskar Morgenstern）率先提出，之後由約翰・納許（John Nash）發揚光大〔在電影《美麗境界》（*A Beautiful Mind*）中，由羅素・克洛（Russel Crowe）飾演的納許非常出名〕。

我就節省你們處理這些數字的時間，但是請相信：在我描述的參數下，數學預測守門員會有大約六四％的機率撲向執行罰球者的左側，而有大約三六％的機率撲向右側。因為執行罰球者往左踢較為精準，所以守門員知道撲往那個方向比較有效——守門員的撲球阻擋四八％踢向左側的球，而往右側的球只有四〇％。不過，他撲向右側的次數，當然要足以阻止對方每次都瞄準同一方向；另一方面，執行罰球者應該會認為最好的做法是四五％往左踢，五五％往右踢。雖然他往左踢會踢得比較好，但是必須考量守門員也會較頻繁地撲向那個方向。因為守門員如此的決定，執行罰球者通常往右踢（也就是他的弱邊）會有較好的結果，至少一半以上的時間是如此。

所以執行罰球者射門得分的機率是多高？在這個例子裡，無論瞄準哪個方向，得分機率都是六五%。如果守門員撲向執行罰球者左側，因為瞄準右側的罰球準確率是八〇%，守門員的運氣就剛好差了一點；但是如果球往左踢，守門員就能把射門的成功率降到四八%。如果你把這些機率相加，並根據這個假設中執行罰球者踢向左側或右側的比例分別加上權重，即可得到執行罰球者有六五%的成功率。如果你計算守門員撲向執行罰球者右側的成功率，也會得到相同的數字。

這就是兩位球員能做的最好情況，**前提是另一方也有策略**。舉例來說，假設執行罰球者告訴自己：「我擅長踢向我的左側——我應該更常這麼做。」然後開始將六〇%的球都往左踢。與此同時，守門員還是有六四%的機率持續撲向執行罰球者左側，會發生什麼事？這樣的改變暫時不會造成差異。別忘了，守門員的設定是無論他撲向哪一方，阻擋射門的機率都一樣。其實，如果執行罰球者開始將**所有的**球都往左踢，只要守門員不改變策略，執行罰球者的成功率還是維持在六五%；但是如果守門員發現對方六成的時間都往左踢，就能藉由一直撲向他的左側，將其整體射門成功百分比降到約六〇%。

你可能會認為守門員與執行罰球者無法計算出所有的數字，雙方最後就只是踢球，以及頻繁地撲向執行罰球者左側。從某種程度來說，你說的大致沒錯。不過，當然球員不會像我一樣使用Excel，看出要多頻繁地使用各種方法。

但是透過試誤法，以及更有經驗的隊友與教練建議，頂尖足球員在辨識方向數據比例的表現不錯，幾乎都正確。經濟學家伊格納西奧．帕拉席歐斯—赫塔（Ignacio Palacios-Huerta）成為足球經濟學專家，他的著作包含一篇論文，分析全球職業足球賽中的一千四百十七顆罰球。[3]他發現足球球員在選擇方向時，幾乎就像是借助Excel。如同賽局理論預期的，執行罰球者無論踢向左側或右側，成功率都一樣，而守門員也是不管撲向哪邊都一樣成功。

對經濟學家而言，這樣的結論並不出乎意料，因為我們相信有強烈動機要做出某件事的人，會找到最好的方式進行。在許多情況下，射門得分（或擋下射門）與贏得足球比賽的財務和個人報酬都相當高。運動員若是未能極大化在每顆罰球中得到最佳結果的機會，將會讓他在足球界處於劣勢，因為在足球界裡，最厲害的球員會獲得極大的報酬與讚揚，而那些錯失明星光環的人基本上就是無名小卒。

當你下次在電視或球場觀看足球罰球時，記得這些球員都在精心運算數學，好極大化贏球的機率。如果哪一天你站到足球場上，別忘了在射門時混合一下策略。

網球發球的心理遊戲

從經濟學家的觀點來看，用足球來展現混合策略大概不太公平。十二碼罰球是我們在實驗室裡會設計的環境，用來測試混合策略模型，因此如果理論在那個環境中不成立，這些理論大概永遠不會成立。其他比賽雖然有類似的一對一元素，但卻更加複雜，我們的模型在那樣的情況下是否也會成立？

如果是兩個經濟學家在比賽就會成立，讓我們來談談我最喜愛的體育競賽項目——網球。我曾在紐澤西州納特利的Nutley Maroon Raiders網球隊當了四年的傑出運動員，並且贏得兩屆森林湖營隊（Forest Lake Camp）網球錦標賽冠軍，雖然這些光榮時刻都已是遙遠的回憶，但我每週還是會到球場上和其他中年男子打幾場球。其中一位固定與我對打的對手是世界知名經濟學家，專門研究賽局理論，和他比賽時，我必須有對的策略，否則就會處於極大的劣勢。

像許多球員一樣，我在許多時候使用發球上網的策略。也就是我發出第一發球後，就跟著球衝上前，如果我衝到網前的速度夠快，對手就必須在看到我是否上網之前，決定要打出哪種球。但是這個策略的執行方式，必須和足球執行罰球的球員選擇要瞄準哪個方向一樣，因為如果發球者太常使用這個策略，對手就會不斷施展出專門用來對付發球上網的回球：高吊球飛過發球者上方，或是重重回擊一顆直線邊線球。

這種情況和足球十二碼罰球的一個差異是，守門員與執行罰球的球員在每一次罰球之間有很長的時間，而且幾乎每次都是面對新的對手，就算在最後平手要互射罰球時，也是每一次射門就換一位球員上場執行罰球。因此實務上來說，如果發展出一個規律形式也沒有什麼大不了的，只要方向的選擇是根據最佳百分比，長遠來說就沒問題。即使執行罰球的球員決定要踢向左側兩次、右側一次，之後再踢向左側兩次、右側一次，以此類推，還是需要很長的時間才能讓所有人注意到這樣的規律，因為他每一次都面對不同的守門員。

但是在我的網球比賽裡，與同一位對手對打時，在十次以上的發球局裡，我至少會連續發四次球（通常更多）。在這些比賽中，我發球上網會取得大概三分之一的得分。如果採用「不上網—不上網—上網」的模式，我就可以取得發球上網的最理想比例，但是對手最終會看穿這個模式，並且開始在每個第三分時回高吊球。如此一來，我發球上網的成效就會大幅降低。因此，我想出一個小訣竅，在與那位賽局理論對手比賽時，我通常會在每個發球局前的幾分鐘，用手錶上的碼錶功能計時，然後隨意地停止。碼錶上顯示的最後三位數，提供三個隨機的數字，而我就會在分數達到這些數字時衝向網前。舉例來說，假如我停下碼錶時，數字顯示二：一三：四七，我就會在第三分、第四分及第七分時衝向網前。[4]

由混合策略均衡主導發球方向

難道我就只是一個有強迫症的經濟學家，還是職業網球選手同樣也會擔心這些問題？畢竟人們是真的在意他們的比賽，你可能也猜到了，他們也會擔心這樣的問題。一場網球比賽是一長串混合策略比賽的序列。在每一顆球之前，選手必須決定要打向左邊或右邊、是否要打過網急墜球，或是否要在發球之後上網等。

有了足夠的數據，經濟學家就可以研究所有的選擇，並查看網球選手是否將贏球的機會極大化，但無法控制所有網球選手做出決定的相關因素。經濟學家馬克．沃克（Mark Walker）與約翰．伍德斯（John Wooders）將他們對於網球中混合策略的探討，限縮到發球者發球在發球區的左側或右側的分配（內外角），以及如此決定對發球者最終贏得比分的影響。[5] 沃克與伍德斯只研究一些重要的冠軍賽，那些比賽的利害關係較高，選手也彼此熟悉。[6] 在這些比賽中，他們發現選手不論發球在右側或左側時，贏得比分機率相等。他們的結論是，網球選手隨機決定發球方向來極大化贏得比分的機率，最終變成一種混合策略均衡。

不過，選手的做法是否採用最佳方式？他們是否確定自己沒有落入對手可能察覺到的規律模式？這正是國立台灣大學經濟學家徐士勛、黃貞穎、唐正道研究的問題。在重複沃克與伍德斯在許多比賽裡的研究結果後，這一次他們納入來自女子與青少年選手在主要錦標賽中的數據。[7]徐士勛和他的共同作者專注在網球選手決定裡不可預測性的程度，經濟學家稱為「序列獨立」（serial independence）。

序列獨立是指在一個序列中，一件事物的價值不被其他同在序列內的事物價值所影響。在網球的案例裡，序列獨立是指在其中一分的發球方向不該影響下一分的發球方向。想要模擬隨機的人通常會在一個選項與另一個選項之間轉換得太頻繁，網球選手試圖維持不可預測性，就可能會持續改變發球方向，因而變得可以預測。[8]

經濟學家發現，頂尖網球選手很接近真正的隨機，證實網球選手的發球方向是由混合策略均衡所主導。然而要注意的是，這些網球研究查看的是相對單純的決定：發球到左側或右側。近期有一篇經濟學家的研究，考慮對發球者而言更廣泛的選項，並分析「肌肉記憶」在接連多次打同一點時的優勢，這篇研究發現網球選手並未完全最佳化發球策略。[9]要真正極大化贏得比分的機會，發球者會想保持完全隨機。雖然在考量所有因素時，看起來可能沒有一個完全最佳化的策略，但是已經很接近了。足球與網球因此展現混合策略均衡的兩個要素，這兩個要素對於想要將成功極大化的選手極為重要：在決定任一個方向時選擇正確的機率，並且以不會被察覺的規律模式做出選擇。對於有足夠經驗和動機做好這件事的運動員而言，這是可以藉由練習培養的技能。

對其他人來說，雖然打球只是單純的休閒娛樂，但是如果我們想要贏得比賽的話（誰不想贏？），了解隨機與機率同樣也很有用，不過我們不太可能有效執行，因為使用對的策略和有效的隨機這兩件事都需要練習，所幸對手也沒有時間完美達成這件事。

原來投球可以這麼複雜

如同網球，棒球也是一種混合策略比賽。打者是否只會觸擊短打？他是否會假裝觸擊，讓三壘手離開原本的守備位置後，卻大力揮棒？跑者是否會盜壘？如果他會盜壘，投手是否會故意將球投到捕手外側，用明顯的壞球來抓盜壘？每個決策都必須時常執行才會有效，卻也不能頻繁到讓這些決定變得可以預測。然而，在這些眾多的決定之外，在每一場棒球比賽裡，都會發生一個更頻繁、更基本卻更重要的混合策略。每一次投球，投手都必須決定要投哪一種球，而打者需要決定是否揮棒。對這兩位選手而言，這些選項呈現混合策略。如同足球的罰球和網球的發球，棒球中的每一次投球都需要投手與打者雙方，根據對方的決定做出能夠極大化成果的決定，但前提是他們並不知道另一方會怎麼做。

假設打者的反應時間很慢，慢到他必須在投手投球之前就決定是否要揮棒。當我與兒子大衛討論混合策略這個觀念時，他說自己有一個常常一起玩電玩遊戲的對手，每次在玩《美國職棒大聯盟》(*MLB: The Show*)時，對方真的會在投手投球前決定是否要揮棒。由於知道那個能力較弱的朋友已經選擇是否揮棒，因此大衛會故意丟出比大部分真正投手投出還多的球。因為朋友是否揮棒和他投球的品質無關，所以如果大衛已經預期對方會揮棒，就不需要將球投到靠近好球帶；而如果大衛已經預期對方不會揮棒，就該投出偏紅中的球。

當然，如果大衛只投壞球，朋友就永遠不會揮棒，而會被持續保送上壘；但是如果大衛只投出好球，朋友就每一次都會揮棒，然後揮出許多安打。因此，大衛的目標就是要投出剛好數量的好球，讓朋友持續認為好像應該揮棒，但是不足以讓對方揮出太多的安打。事實證明，這是面對一個技巧不純熟的對手時，達到並維持均衡的情況。這樣的均衡相對簡單，而且會產生許多揮棒落空。這樣的情況幾乎完美地與足球的罰球情況平行，而且比優秀選手面對的棒球投球與揮棒決定簡單許多。

在我談到大聯盟中的混合策略之前，請記得投球的情況在不適用混合策略的狀況時也存在。如果投手擅長投某一種球，每一次投那種球的表現最好，無論打者的預期為何，他都會特定只投那種球。在那樣的情況下，經濟學家會說那個最好的球路是「優勢策略」，如同對環法自行車賽的選手而言，使用類固醇是優勢策略一樣。

舉例來說，在大衛出戰他最後的小聯盟賽季時，在球季的前幾場比賽裡，他和其他幾個較年長的孩子可以在每次投球都投出偏紅中的快速球。對方大多數的打者無法擊中那種球，而投手只用一顆快速好球就可以非常有效率。但是隨著球季的進行，這些孩子的技巧也逐漸進步，大衛和其他孩子就需要學習調整投球的球速，並故意投出好球帶，打亂打者的陣腳。在更高階的比賽中，洋基隊一直以來的終結者馬里安諾．李維拉（Mariano Rivera），他的卡特球（cutter）非常有效率，所以幾乎只投卡特球，在一個球季中有超過九三%的時間都是如此。打者知道會出現卡特球，但通常也無能為力。李維拉因此不需要太過於擔心策略。前波士頓紅襪隊（Boston Red Sox）先發投手提姆．威克菲爾（Tim Wakefield），更是幾乎只使用單一球路的優勢策略，在二〇〇八年投出的球種中有九九．五%都是蝴蝶球。

李維拉與威克菲爾是例外，在大聯盟和同等的國際聯盟中，驚喜元素通常是重要的。依照大多數的估計，專業打者有大概〇．二七秒判讀投球的落點，並決定是否揮棒。這麼一點時間不足以做出有完整資訊的決定，所以打者的預期對他是否揮棒和如何揮棒會有很大的影響。投手因為知道打者可能沒有什麼時間判斷球路並做出反應，因此如果可以混淆打者，就能取得很大的優勢。

有別於只有兩個選項的電玩遊戲，大聯盟的投手有幾個球路選擇。舉例來說，紐約大都會隊（New York Mets）王牌賈寇伯．迪格隆（Jacob deGrom）會投出快速球、滑球及變速球，當你再加上高位、低位、在好球帶內與好球帶外等不同選項組合時，他可以投出的投球組合就會變得極度複雜。此外，還有其他因素造成棒球投手與打者的策略會比網球或足球罰球的案例更困難，例如投手和打者的技巧相當因人而異。休士頓太空人隊（Houston

Astros）王牌投手賈斯汀・韋蘭德（Justin Verlander）的快速球比變化球好很多，而洋基隊先發投手柯瑞・克魯柏（Corey Kluber）的變化球則是比快速球來得好。韋蘭德投的快速球比克魯柏多，但兩人在某種程度上都是混合球路（雖然其中一項分析顯示，克魯柏應該多投變化球）。[10]此外，有些打者擅長打快速球，較不會打變化球。名聲顯赫的奧克蘭運動家（Oakland Athletics）球隊總經理比利・比恩（Billy Beane）曾是萬眾矚目的新星，但是顯然沒有以球員的身分留在大聯盟，因為他不會回擊滑球。如果這個故事是真的，任何投手只要對戰比恩，投滑球就是優勢策略。

球數影響投手的投球策略

另一個影響投球策略的因素就是球數。在一打席的第一球與球數一好三壞時，投手投出快速球的機率通常不太一樣，而打者應該隨之調整預期。第一球投出壞球的代價相對較低，但如果是在球數一好三壞時的壞球，就會奉送打者前進一個壘包。快速球往往較為準確，所以投手在球數一好三壞時會較常投快速球。

這些因素和其他因素，使得與研究足球罰球及網球單純的「發球到左側或右側」相比，研究棒球投球策略會更困難。這些因素也讓棒球選手更難以決定他們應該多頻繁地做出每個選擇。在足球方面，執行罰球的球員應該向右踢的機率大概和踢每顆罰球的機率一樣；因應對手而稍加調整（在網球要這麼做很容易，因為你只會面對一個對手，而且比分更多），網球選手在整場比賽進行裡，必須以隨機機率發球到左側或右側。但是投手投出快速球的機率，在以下兩種情況中非常不同：在球數一好三壞，滿壘，一人出局，比賽進行到尾聲又平手的狀況下（四壞球保送就會損失慘重的情況），面對洛杉磯道奇隊（Los Angeles Dodgers）全明星球員穆奇．貝茲（Mookie Betts）；以及在一打席的第一球、第四局又有三分領先的情況下（一壞球產生的後果不大），面對一個平庸的打者。加上風速與風向的差異、溫度（在寒冷時較難控球）、球場大小，投手需要的不只是Excel，更是一整個資料科學團隊，思考投出快速球的頻率。

為了進一步了解這些複雜的細節，我請教經濟學博士暨華盛頓國民隊（Washington

Nationals）顧問麥特・史瓦茲（Matt Swartz），他有許多關於投球賽局理論的研究。[11]他告訴我：「大多時候，打者與投手相當遵循混合策略。」例如，羅伯特・艾倫・迪奇（Robert Allen Dickey）是近期傑出的蝴蝶球投手，他也會投一些快速球，而且那些快速球就跟韋蘭德投出的快速球一樣有效。韋蘭德（不像迪奇）常因在比賽裡投出幾記絕佳的快速球，而受到肯定。當然，如果打者知道會出現一記快速球，在對上迪奇時大概就會表現得比較好。但是迪奇不常使用快速球，他的快速球之所以和韋蘭德的快速球一樣有效，是因為他的球出乎意料，而不是因為球速飛快。

不過，雖然史瓦茲發現打者與投手都對大致的情況了解正確，但還是有他們遺漏的細節。他表示，在兩好球時，打者會「球來了就打」，而「投手沒有妥善利用這樣的機會」。與此同時，投手並未充分依照專長調整策略。「整個聯盟知道在指定的球數時，投出每種球路的頻率。然而舉例來說，如果你很擅長投滑球，就應該比其他投手投更多的滑球，但是他們實際上卻沒有這麼做，而是就像其他投手一樣投球。」整體而言，投手非常擅長處理混合策略均衡，但是隨著球隊的分析部門越來越擅長利用可以取得的寶貴數據，投手很可能會越來越厲害。

最佳球路的選擇

最佳球路選擇包含錯綜複雜的細節，這些細節隱含的其中一件事，是經驗與智商對投球的成功至關重要。如同史瓦茲所描述，「我打賭傑米．摩耶（Jamie Moyer）有絕佳的混合策略。」摩耶並不是特別健壯，而是以技巧聞名，他在大聯盟一直投球到四十七歲。

相對於投手，足球球員在罰球時，可以更簡單地找出最佳策略。但是在更複雜的賽局理論情況下，例如球路選擇，即使是賺取百萬美元為生的職業選手，在比賽時的表現都達不到最佳情況。換個說法，一台超級電腦無法在罰球時擊敗一位足球選手，卻可以比許多投手或打者聰明（前提是它學會投球或打擊）。

對於球員應該決定投出哪種球，棒球中這種「超級電腦」效應隱含著重要的意義。經驗很重要，因為要有理想的球路組合，球員需要非常了解打者、投手、當天的情況，以及在每一個打數時周遭的狀況，這有許多需要消化的資訊。誰該做這件事？在職棒大聯盟中，通常會由捕手決定球路。投手透過賽前與捕手的討論，以及執行否決權（投手通常會搖頭表示不贊同，直到捕手指定一個投手想要投出的球路），當然也很有影響力。可能未來會有那麼一天，由場外一個可以取得許多數據的人來決定球路。但經濟學不能解釋所有事情：可能捕手與投手在當下對於對手行為有細微的見解和觀察，而如此額外的資訊比電腦運算能力還要寶貴。

麥克・梅瑟尼（Mike Matheny）在大聯盟擔任捕手後，陸續在幾支大聯盟球隊裡擔任球隊經理，他認為場上的資訊勝過經驗。他建議球隊經理在各個層面都讓捕手決定球路，並在在部落格寫道：「我不可能比捕手更了解比賽的情況，也不可能從球員休息區內看到一些只有捕手才能察覺到的細節。」[12]但梅瑟尼也明白經驗對於決定球路的價值，並強調要指導捕手如何了解每一位投手，並且「讓投手發揮最大效用」。

其他的教練與球隊經理認為，經驗勝過比賽中捕手所能得到的資訊，因此會在球員休息區裡決定球路。尤其是在高中及大學棒球賽，許多捕手只是單純轉達教練選給投手的球路。有些傳聞表示，即便是在更高分級的比賽，教練還是日益積極地決定球路。由於棒球越來越常使用量化分析，因此這個情形也不令人意外。無論如何，經濟學會預測更有經驗決定球路的人，會更擅長蒐集所有相關因素，決定每次投球球路的機率，並妥善地隨機分配這些球路選項。

最後，在談到投球（不像足球的十二碼罰球）時，最佳混合策略和隨機已經複雜到無法在任何有用的時間範圍內進行計算。在球路選擇的情況裡，雙方（投手與捕手所屬球隊及打者的球隊）都在做相當複雜的決定，結合有意識的認知和直覺。比賽中的諷刺與美好，就是即便投手和捕手做出絕對正確的決定，而投手也完美執行投球，打者有時還是可以揮出安打。

足球、網球與棒球（更不用說在車庫裡的桌球），都顯示賽局理論在運動中有多麼重要，也顯示策略最佳化會如何隨著比賽日益複雜而越來越困難。然而，除了這些運動項目外，在很多領域裡，混合策略均衡的知識也是出類拔萃的關鍵。排球球員會假扣球，美式足球隊會假棄踢（如果發生機率更頻繁，就會更有娛樂性），而美國改裝房車競賽（National Association for Stock Car Auto Racing, NASCAR）的車手會在何時與如何超越對手時，嘗試出其不意。

在這些例子裡，每一個例子的成功都和兩件事有關：知道使用每個策略的頻率，以及隨機化這些策略。要贏，就必須冰雪聰明又深不可測。

第六章

體育界的歧視如何影響運動員？

——「市場誘因」如何消弭性別與種族差異

「融入NFL是我人生的低潮。」伍迪・史特羅德（Woody Strode）在他成為聯盟中第一位黑人球員許多年後，對《運動畫刊》如此說道：「如果我必須融入天堂，我一點都不想去。」[1]

雖然職棒大聯盟的黑人球員傑基・羅賓森（Jackie Robinson），在體育界中打破藩籬是最廣為人知的故事，但棒球並不是唯一有種族隔離汙點的美國職業運動聯盟。NFL在一九三四年開除聯盟裡所有的黑人球員；過了十二年後，史特羅德和隊友肯尼・華盛頓（Kenny Washington）才將種族多樣性帶回聯盟。

對史特羅德與華盛頓而言，這是對的時間、對的地點所造就的。公羊隊（Rams）在一九四六年從克里夫蘭（Cleveland）搬到洛杉磯時，球隊想要在洛杉磯紀念體育場（Memorial Coliseum）比賽，因為這個場地可以容納十萬人。運動場管理人受到一名堅守信念理想的當地體育記者支持，要求該球隊要簽下一名黑人球員。公羊隊服從這個決定，延攬在美國加州大學洛杉磯分校（University of California, Los Angeles; UCLA）時彼此是隊友的華盛頓與史特羅德。

這對雙人組遭遇許多挑釁與場上的小動作，就像一年後羅賓森代表道奇隊出賽時那著名的第一個球季；如同羅賓森，兩人在球隊出發比賽時被要求待在「種族適宜」的旅館。華盛頓比史特羅德更常上場比賽，曾被一堆對手球員重壓在地，還將石灰粉磨進他的雙眼。「他的嘴唇都在流血，還可以笑得出來。」大學隊友如此形容他；在一九四六年的NFL，他需要這麼做。幾年內，他與史特羅德都退出聯盟，但是其他隊伍慢慢簽下黑人球員，而NFL也逐漸廢除種族隔離。

從一九四六年的兩位NFL黑人球員，直到今日黑人球員占聯盟中近七〇%，這條上坡路並不如童話般順遂平坦。史特羅德、華盛頓及羅賓森，還有一九五〇年NBA的查克．庫柏（Chuck Cooper）、納撒尼爾．克里夫頓（Nat Clifton）與厄爾．洛伊德（Earl Lloyd）；一九七五年高爾夫球名人賽（Masters Tournament）的李．艾爾德（Lee Elder）；一九五〇年溫布頓網球錦標賽的愛爾西亞．吉布森（Althea Gibson），以及一九五八年國家冰上曲棍球聯盟的威利．奧里（Willie O'Ree），都在他們的職業運動項目中做出直接又長遠的影響，想起來這是一件美好的事。在某種程度而言，當然，他們做到了；從第二次世界大戰開始，種族藩籬被打破後，沒有聯盟重新實施種族隔離。不過，是否有些非白人運動員依然受到歧視，只是以較不明顯的方式？經濟學家檢視這個問題數十年，發現在運動場上的種族平等之路不僅顛簸，而且仍不完善。

整體而言，運動中關於歧視的故事是振奮人心的，因為社會改變和市場力量幫助許多女性及少數族群的運動員。以經濟學術語來說，球隊老闆發現歧視是一種「競爭劣勢」（competitive disadvantage）。歷史上來自球迷、球隊老闆及球員本身的歧視，從而影響球隊裡種族的組成、運動員的薪資，以及開放給運動員的位置與運動項目，但是這樣的歧視已經大幅減少。而且體育界中爆炸性的營收成長，也已經和日益多元的運動員族群共享。然而，我們還是會在世界各地的體育圈裡發現歧視的問題。市場通常有助於糾正不公不義的事，但是可能需要很長的時間才能做到。

偏好歧視與統計歧視

經濟學家喜歡將歧視分為兩種：基於偏好的歧視（taste-based discrimination），與統計歧視（statistical discrimination）。偏好歧視的代表人物就是前洛杉磯快艇隊（Los Angeles Clippers）球隊老闆唐納．史特林（Donald Sterling），他在一段錄音檔中對女友說：「為什麼妳要和少數族群拍照？為什麼？這就好像是在跟敵人說話……。妳和黑人往來讓我很困擾……。妳不需要跟黑人走在一起。」[2]史特林的言論隱含他「不喜歡」非白人族群，厭惡到如果一位非白人與一位白人的實力相當，他幾乎不太可能僱用非白人。

另一方面，統計歧視通常是雇主和其他人想要藉由實證支持的刻板形象來分類一大群人時，所做出的歧視行為。例如，倉庫領班要僱用冰箱搬運工時，可能會面試較多的男性，因為平均而言，男性比女性強壯。當然，任何一位女性都有可能比任何一位男性強壯，但是從大範圍來看，這位領班的歧視行為是有統計基礎的。然而，儘管數學上合理，但也不代表統計歧視就合法或合乎道德規範。例如，一位可以勝任冰箱搬運工的女性，就有很合法且符合道德的證據，來抗議領班將工作機會給一個與她資格相同的男性，而不考慮她。[3]

運動中所看到的不公義是由基於偏好的歧視主導，而不是統計歧視。在羅賓森初登場後的數十年，一項又一項的研究顯示，在眾多主要運動裡，白人選手比黑人選手獲得更多優惠待遇。然而，由於偏好歧視可以來自至少三個來源（此外，在體育界中還有第四個來源），所以我們無法清楚得知究竟是誰在歧視。

首先，我們有史特林這種類型的**雇主**歧視，也就是負責招募的人偏好某一人口族群；雇主也可能會有統計歧視，如同我們所說的冰箱搬運工例子。不過這兩種歧視的差別是，統計歧視的領班雖然會面試較多的男性，但如果有一位女性證明她是最具實力的應徵者，領班也會欣然僱用；假使是一位偏好歧視的領班，女性就需要在很大程度上比男性更具生產力（或是願意領取較低薪資），才能讓雇主考慮僱用，因為她需要補償領班對於與女性共事的反感。

其次，偏好歧視可以是**雇員**歧視，也就是當在「內團體」（in-group）的員工，不想要和其他來自「外團體」（out-group）的人合作時。例如，想像在巴基斯坦的拉合爾獅子（Lahore Lion）板球隊辦公室裡，一個完全不歧視的經理要負責僱用一位員工從事相對低階的職位。假設所有較專業的團隊管理職位都已經由遜尼派（Sunni）穆斯林擔任，而遜尼派穆斯林「厭惡」什葉派（Shia）穆斯林，如果有兩位旗鼓相當的應徵者，一位是遜尼派，另一位是什葉派，這個完全沒有偏見的經理會有較強誘因僱用遜尼派應徵者。這位經理知道，如果錄取什葉派應徵者，構成整個主要勞動力又歧視的遜尼派穆斯林，會讓這位新員工的人生變得不愉快，也可能導致工作較欠缺效率。因此，該經理可能會選擇遜尼派應徵者，讓公司的其他員工開心。儘管整體而言，這樣的做法不公平也不正確。

第三，基於偏好的歧視可以**顧客**歧視的形式呈現。在有絕大部分的顧客群都歧視的市場，只重視獲利的企業可能會爭辯它們是被迫歧視。試想職業冰上曲棍球蒙特婁加拿大人隊（Montreal Canadiens）的球隊老闆，這支球隊的球迷主要都說法語，使得這支球隊的球迷是聯盟中唯一不以英語為主的球迷。同時，聯盟的勞動力——球員，包含許多法裔加拿大人。無論這位球隊老闆是否在乎球員的母語，顧客群大概會偏好說法語的球員，因此這位球隊老闆可能就因為受到高額獲利的誘因，進而特別偏好說法語的球員，而不是說英語、俄語或瑞典語的球員。

最後一種形式的歧視，而且是主要針對運動場上的歧視，就是裁判歧視。如果在運動項目裡，所有官方人員都是白人，而且偏好與自身相同種族的人，以一整支白人球隊出賽就會比較容易獲得有利的吹判。經濟學家約瑟夫・普萊斯（Joseph Price）與賈斯汀・沃爾佛斯（Justin Wolfers）就曾顯示，NBA裁判較偏袒自己種族的選手，以至於裁判團的組成會影響許多NBA球賽的結果。從歷史上來說，NBA的裁判和其他運動項目中的官方人員，白人的比例很高，因此整體而言，可能會造成少數族群的球員處於劣勢。[4]

是誰造成種族歧視：球迷或球隊老闆？

明尼蘇達灰狼隊（Minnesota Timberwolves）在二〇一二年到二〇一三年賽季並不是特別值得紀念，即使球隊的三十一勝（對比五十一敗）已是苦悶六年來最多的勝場數。然而，灰狼隊卻還是留下一些深遠的影響，不是因為場上的表現，而是因為該隊的球員名單編組。自從「大鳥」賴瑞・柏德（Larry Bird）在一九八〇年代的波士頓塞爾提克隊（Boston Celtics）後，就再也沒有任何NBA球隊像那年的灰狼隊一樣，有這麼多的白人球員上場。

灰狼隊球員名單裡的白人球員，囊括超級球星前鋒凱文．洛夫（Kevin Love）到蒙特內哥羅大白熊尼科拉．佩科維奇（Nikola Pekovic），還有從優秀排球選手轉為籃球選手的蔡斯．巴丁格（Chase Budinger）。[5]在一個七八%都是黑人的聯盟裡，灰狼隊有三分之二的球員是白人。如果你在各球隊裡，隨機分配所有當季的NBA球員，一個隊伍中有十位白人與五位黑人選手的機率是萬分之一。

面對記者質問時，灰狼隊的營運辦公室表示，球隊的種族編組並非故意。但有些人認為，巧合的是灰狼隊在NBA最「白」的市場裡打球，而且這個市場還因為球隊老闆有了不光彩的偏好歧視歷史紀錄。卡爾文．格里菲斯（Calvin Griffith）是華盛頓參議員隊（Washington Senators）棒球隊的老闆，他在一九六一年將球隊搬到明尼亞波里斯（Minneapolis），並更名為明尼蘇達雙城隊（Minnesota Twins）。一九七八年，格里菲斯在當地的獅子會（Lions Club）活動上告訴群眾，會選擇遷移地點的原因：「我發現你們這裡只有一萬五千名黑人……。我會搬來這裡，是因為你們有善良、勤奮工作的白人。」[6]格里菲斯還抱持著前羅賓森時代的觀念。記者與播客主持人喬許．樂文（Josh Levin）形容在那個時代，「球隊老闆討厭黑人的程度，勝過他們喜愛金錢的程度。」格里菲斯把球隊從一個主要人口群體組成是黑人的城市，搬到一個較小又較沒有潛在利益的市場，就只為了讓球隊的球迷主要是白人。[7]

灰狼隊否認偏好任一種族的球員，聲稱球隊的族群組成是因為組織致力在全球選秀，因此獲得五位國際球員都是白人，加入開幕戰的球員名單中。而且說實在話，沒有人確切知道灰狼隊當時是否真的使出全力簽下這些白人球員。這支球隊在二〇一三年到二〇一四年賽季的開幕之夜時，的確比較「不白」一點，但是民權運動人士喚起大眾關注這份種族組成有所偏頗的球員名單，一點也不無理；以近期的ＮＢＡ標準來看，灰狼隊的白人比例史無前例。

在這些指控中隱含的是，灰狼隊受到雇主歧視、顧客歧視或兩者皆有。如果將球隊「洗白」是故意的，不是表示球迷要求要一支白人球隊，而球隊老闆回應這樣的需求；就是球隊老闆單純偏好白人球員，如此現象在數十年來大規模困擾著聯盟。

NBA中曾經的種族歧視

ＮＢＡ提供美國整體歧視軌跡的縮影。ＮＢＡ於一九五〇年整合後，黑人球星軍團就迅速在聯盟中湧現。到了一九六五年，十位全明星賽的先發球員裡有六位是黑人；一九七五年，球迷首次獲得全明星球隊的投票權，前五名得票數最高的球員中就有四個是黑人。在一九五四年到一九七〇年間，黑人在聯盟中的勞動力比例從四．六%成長為五四．三%。[8]

但是對於逐漸占據主導地位的黑人球員而言，並非一切盡如人意。有許多研究，包括經濟學家傑洛德．斯卡利（Gerald Scully）與羅倫斯．卡恩（Lawrence Kahn）進行的研究，點出長久以來的薪資歧視問題：以同樣的薪資程度來說，ＮＢＡ的黑人球員明顯比白人球員表現出色；而表現與白人球員相當的黑人球員，較容易遭到球隊開除。[9]從另一個角度而言，一九八五年的黑人籃球球員，和白人隊友相比，必須贏得更多分數或搶下更多籃板，才能獲得同樣的薪資或是保有工作。

ＮＢＡ所有三十支球隊，是否都囂張地在種族主義陰謀之下，彼此串謀支付黑人球員較低的薪資？並非如此。一九八五年的確可能會有一些ＮＢＡ球隊老闆厭惡黑人——

史特林在一九八一年買下快艇隊，但他們也可能是在回應球迷的種族偏好。幾項經濟學研究，雖然在具體細節上有些許差異，卻都發現主場球隊的白人球員越多，一九八〇年代的球迷就越可能進場觀看籃球比賽。[10]研究人員也發現，白人球員並非平均分散在各隊，而是聚集在白人球迷較多的市場。因此，即使球迷沒有真的歧視，聯盟總經理在籌組球隊時的方式，也彷彿球迷會有所歧視，在有較多白人球迷的城市裡看重白人球員，白人球員也集中在以白人為主的城市：比爾．華頓（Bill Walton）效力於波特蘭拓荒者隊（Portland Trail Blazers）；約翰．史塔克頓（John Stockton）在爵士隊；柏德、凱文．麥克海爾（Kevin McHale）、約翰．哈維契克（John Havlicek）與戴夫．寇文斯（Dave Cowens），全都在種族主義惡名昭彰的塞爾提克隊，以此類推。

種族歧視會付出的代價

不過，對於種族的態度已經改變。雖然在現今的美國，實際生活中偶爾還是可以觀察到種族歧視，但在數十年前卻更明目張膽。舉例來說，美國對於跨種族婚姻的認可大致呈現線性成長，從一九五八年的四%到近年來已將近九〇%。[11]隨著種族隔離政策遺留下來的社會結構與思維模式褪去，邏輯上認為在NBA中的歧視也會消退。大致上來說，確實有所消退。若干經濟學家重新檢視一九九〇年代球季的資料，幾乎沒有發現薪資歧視證據。在一九九〇年代中期，黑人球員的薪資大致上與能力相當的白人球員一樣，在解僱球員歧視的研究裡也有同樣的發現。[12]

現今的研究已經斷定，在NBA中不再存有薪資歧視。我不知道是否有任何正式的測驗，檢視球迷是否依然偏好歧視，但是一項關於最近開幕日球員名單的簡略調查發現，球隊有多少白人球迷與選手之間並不相關。多年來，勇士隊、密爾瓦基公鹿隊（Milwaukee Bucks）、曼菲斯灰熊隊（Memphis Grizzlies）、洛杉磯湖人隊（Los Angeles Lakers）及聖東安尼奧馬刺隊（San Antonio Spurs），是所有球隊中白人球員比例最高的球隊，但它們主場城市的人口族群組合是多元的，從以白人為主（密爾瓦基）到大部分為拉丁裔（洛杉磯與聖安東尼奧），或是亞裔（舊金山—奧克蘭）族群，再到在聯盟中的黑人城市（曼菲斯）。

這股趨勢反映獲得諾貝爾獎（Nobel Prize）得主，經濟學家蓋瑞・貝克（Gary Becker）提出的歧視理論基礎，他假設市場會矯正歧視：較不願意僱用少數族群的公司，最終會被其他只以僱用人才為主的公司淘汰。隨著球隊發現忽略黑人球員或支付黑人球員低薪，對它們在勝負欄上的損失大於吸引有偏見球迷的幫助，球隊便會停止歧視。換句話說，對球迷來說（同時對球隊的底線也是），贏球比球員名單的種族組成更重要。即使是史特林的快艇隊，在二〇一三年到二〇一四年賽季時也只有一位簽約的白人球員。歧視的消退反映根本社會態度的改變。如果球迷仍像一九七〇年一樣抱持偏見，明智的球隊老闆可能會放棄一些勝場數，僱用更多的白人球員。但是隨著球迷的思維變得更開放，對懷有偏見的球隊老闆而言，繼續沉浸在自身歧視中的代價越來越高。總體來說，競爭幫助提高黑人球員的薪資與就業保障。

運動員薪資的大幅成長，也讓歧視的成本跟著上漲。其他的環境（例如，一個族群的警察在以另一個族群為主的城市維持治安），通常沒有具有競爭力的市場來驅除歧視。因此，雖然有良好的證據顯示，競爭與經濟學可以逐漸消除歧視，但貝克的理論卻可能遭到誤用，作為政府對歧視置之不理的藉口。不過至少在一些聯盟裡，金錢與贏得球賽為第一優先，而這對歷史上代表性不足的群體中，那些有天賦的運動員來說是一件好事。

至於灰狼隊非比尋常的白人球員名單，導致相關的競爭力與負面關注，可能正因如此，該球隊很快看起來開始更像其他聯盟中的球隊。在二〇一五年到二〇一六年賽季時，灰狼隊有六二％的黑人球員；在二〇二〇年到二〇二一年時，甚至超越聯盟的平均水準，有八〇％的黑人球員。

灰狼隊的種族組成可能阻礙了球隊的發展，但這不是唯一的原因，因為即使球隊之後在名單中加入黑人球員，表現還是很糟。雖然我們沒有強而有力的證據證明，種族組成會傷害灰狼隊，但是經濟學家斯特凡．西曼斯基（Stefan Szymanski）使用來自英國職業足球的廣大資料集後發現，「黑人球員比例低於平均的球隊，往往會有較差的表現。」[13] 因此，儘管灰狼隊的例子可能說明，在現代職業運動極度競爭的世界裡，球隊老闆不抱偏見的行為並不足以讓球隊贏得比賽，但是足球界及其他方面的資料都顯示，不存有偏見的球隊編組是維持競爭力不可或缺的要素。

沒有種族歧視的曲棍球

讓我們換一個你可能不會預料到和歧視相關的運動：職業曲棍球，只有僅僅二%或三%的球員不是白人的運動。國家冰上曲棍球聯盟中的黑人球員有時常受到可恥、不當的嘲弄辱罵與詆毀。[14]但是多半因為樣本數小，我們僅有一小部分的研究或實證顯示他們面臨經濟歧視。

國家冰上曲棍球聯盟接近種族同質性（racial homogeneity）的狀況，並不表示就避免一些歷史上經常被提及有爭議的僱用慣例。國家冰上曲棍球聯盟可能是美國最「白」的主要運動聯盟，卻絕對是國際化的，有許多球員是英裔加拿大人、法裔加拿大人、美國人、捷克人、芬蘭人、瑞典人、俄羅斯人與斯洛伐克人。然而，大多數針對國家冰上曲棍球聯盟的歧視研究，侷限於聯盟中法裔加拿大人與英裔加拿大人這兩個最大族群團體彼此的薪資差距。

少數族群法裔加拿大人和其餘加拿大人之間的關係一直很僵，關係降至最低點是在一九六九年蒙特婁證券交易所（Montreal Stock Exchange）的炸彈襲擊事件，以及一九七〇年分裂主義的法裔加拿大籍恐怖分子殺害政府官員。雖然這些悲劇的規模異常，但魁北克（加拿大唯一的法語區省分）的語言政策仍持續製造爭議，許多魁北克的居民依舊夢想獨立。[15]

關於在國家冰上曲棍球聯盟裡的歧視，最早可信的研究是由三位加拿大經濟學家於一九八七年發表，他們發現以團體而言，法裔加拿大籍球員通常比英裔加拿大籍球員表現出色。[16]與之前NBA的研究相似，這項研究是以假設出發，假設一個族群經常表現得比另一個族群出色，則表現較好的少數族群球員（在這個案例中為法裔加拿大人），和表現較差的主要族群（在這個案例中是英裔加拿大人）相比，就必須達到更高的標準，才能在球隊中獲得一席之地。

這項研究也計算不同位置的表現差異。研究顯示，防守後衛顯然面對絕大部分的僱傭歧視（hiring discrimination），前鋒較少，而守門員則是似乎根本不受歧視。關於這樣的差距，作者提出一個明確又合理的解釋：比較容易衡量表現的位置較少受到歧視，而需要較多主觀評價的位置則會遭遇更多的歧視。前鋒的表現可以用他製造的得分與助攻來衡量，而防守後衛對比賽的影響包含長久以來就不太能量測的能力，如阻截、傳球及環境洞察力。對球隊挑選球員而言，與法裔加拿大籍前鋒相比，不選擇法裔加拿大籍防守後衛比較容易，因為很難有實際的證據（至少以前很難，在運動分析的趨勢近年來進入曲棍球界之前），說明其中一位防守後衛比另一位來得好。

守門員有很明確的表現衡量標準，就是救球的比例。他們的位置也比球隊其他球員的位置來得孤立，這可能也在語言基礎上減少雇員（隊友）歧視，因此法裔加拿大籍守門員似乎一致地免於遭受歧視。

這項研究提出很有說服力的論點，就是當表現可以更容易衡量時，市場也較容易去除種族歧視。評估前鋒的球探可以拋開任何先入為主的觀念，因為他們明白對球隊而言，錯失一位很會得分的說法語球員，付出的代價太高了；但是同隊的教練卻可以告訴自己，是在選擇說自己的語言的防守後衛，因為他是更強悍或更有能力的選手，任何人都沒有其他簡單的方式可以證明教練是錯的。借用心理學的詞彙，「確認偏誤」（Confirmation Bias）——說服自己相信自己想認為是事實的事，在資料更主觀時會更嚴重。

把這個狀況類比到商業界，在銷售或金融分析師工作的市場裡，經濟學家會預期發現歧視遭到市場淘汰，因為衡量這些職位的績效表現相對容易；不過對於一些中階主管的職位，情況可能就不是如此，因為績效表現的評估可以非常主觀。[17]同樣地，裁判總是主觀地評估選手。如同先前提到的，一項研究指出NBA裁判會偏袒自身種族的球員。《紐約時報》頭版報導這些研究結果，為NBA帶來公關壓力。[18]自從這個封面故事出版後，NBA就在衡量與標準化裁判的吹判投資龐大資源。藉由監測裁判判決與加入審核，讓一切更能客觀評估，根據更多近期的研究指出，NBA已經在裁判吹判中根除了偏見。[19]

黑人投手在哪裡？

快！說出一個近期的非裔美籍投手，除了賽揚獎得主卡斯坦．查爾斯．沙巴西亞（Carsten Charles Sabathia）與大衛．普萊斯（David Price）外。[20]馬可斯．史卓曼（Marcus Stroman）？克理斯．亞契（Chris Archer）？你大概無法說出太多名字；幾乎沒有棒球選手符合這個描述。雖然非裔美籍選手占大聯盟外野手至少二五%，但在投手或捕手的比例卻從未超過一〇%。近年來，在大聯盟的球員名單中，有一小部分的非裔美籍投手，卻沒有任何一位非裔美籍捕手。[21]

是什麼原因造成在球員位置上有如此的種族隔離？沒有人有絕對的答案。有兩個主要的理論可以解釋缺乏非裔美籍投手與捕手的原因，其中之一是系統性種族主義（systemic racism），也就是教練、球探及總經理可能認為，黑人缺乏擔任投手或捕手需要的領導能力與思考技能，因此不訓練他們打這些位置；或是在更高階層中，球隊經理將黑人球員換到那些他們認為較不需要智商的位置。無論是實證結果或軼聞，都可以找到許多關於黑人智商的種族刻板印象證據。芝加哥大學進行的社會概況調查（General Social Survey）中，民調規律地發現受訪者對白人智商的評分比黑人來得高。[22]在棒球界裡，道奇隊總經理艾爾．坎帕尼斯（Al Campanis）曾告訴新聞主播泰德．卡波（Ted Koppel），他認為黑人「可能不具備一些必要條件，擔任如場地經理或總經理。」[23]因此在一九八〇年代登上頭條（而且被迫辭職）。由於坎帕尼斯當了十九年的總經理，他的說法讓許多人開始思考，到底就整體而言，棒球界裡這樣的想法有多常見。坎帕尼斯並不是唯一一個人，辛辛那提紅人隊（Cincinnati Reds）球隊老闆瑪吉・肖特（Marge Schott）就不斷因為使用種族歧視的侮蔑字眼而遭到停權，並被指控說出一些不適合在這裡出現的惡毒話語。[24]

關於球員位置上的種族隔離，還有另一個次要的證據。例如在大聯盟裡，日本球員擔任投手的比重高得不成比例，因為大部分美國人對亞洲人的刻板印象就是特別聰明，日益增加的投手比例也支持這樣的刻板印象論點，因為主管部門似乎認為投手是需要高智商的位置。

在球探、年輕球員的教練與賽揚獎投票者中如此明顯的偏見，可以作為統計歧視的例子。這些族群可能不是有意識地仇恨或惡意針對非裔美國人，但是如果教練認為非裔美國人較不聰明，就不會讓非裔美籍選手走投手或捕手路線。種族歧視的教練可能會認為，他是依照球員的最佳利益行事，媒合這位球員與適合他智商能力的位置。在這樣的例子中，偏好歧視與統計歧視的差異就不具意義了，因為球員根本沒有機會證明他可以是有效率的投手。

觀念隨著時間改變，球員位置的歧視也應該被市場矯正。舉例來說，最近在NFL中非裔美籍四分衛有很大的進展，這也可能表示在這個位置的統計歧視正在消退。全國都市聯盟（National Urban League）總裁暨執行長馬克．莫瑞爾（Marc Morial）最近寫道：「數十年來，主流想法似乎認為非裔美國人是很棒的跑鋒（跑衛）、阻擋者或接球員，他們沒有能力或智商擔任四分衛。」[25]但事情是可以改變的（雖然可能要花很長的時間）：《紐約客》（*New Yorker*）雜誌宣告二〇一四年是「黑人四分衛的一年」。[26]在這篇文章出版後的五個賽季，NFL的最有價值球員獎都頒發給黑人四分衛。在此之前，黑人球員也在擔任中線衛或中鋒時取得進展，這兩個與領導及策略相關的位置，過去都是由白人球員主導。[27]

除了誤導的統計歧視外，關於球員位置上的種族隔離，還存在另一個以經濟學為基礎的解釋。支持這個論點的人認為，相對於內野手或外野手而言，捕手與投手都是比較專精的職位。投手需要更多專注的訓練與指導，而捕手不僅需要訓練，還需要相當昂貴的裝備。在所有其他的種族群體裡，非裔美國人的貧窮比例僅次於美國印第安人，不太可能有能力取得這些訓練設備與教練，而教練是培育投手和捕手（及四分衛）技能的關鍵。以黑人在整個體育領域的參與程度而言，這個理論是可以獲得證實的。黑人在籃球界占據很大的比例，在足球場上（一項需要一些裝備的運動）的比例就較少；而在需要許多器材裝備或場地設施的運動項目中，黑人運動員就更不普遍，例如高爾夫球、曲棍球或游泳。結構歧視仍在很大的程度上影響體育結果。

這兩個解釋的哪一個較能說明球員位置上的種族隔離？目前尚無定論。運動的成本及來自代表性不足群體的選手比例之間存在明顯的相關性；另一方面，四分衛不需要比外場接球員更多特殊的器材。因此，似乎刻板印象與資源的差異，都導致特定運動項目和球員位置的種族隔離。

性別間的薪資歧視

男性主導主流運動的場景眾所皆知。例如，快速比較一下NBA與WNBA的觀眾出席紀錄，就可以看到目前哪一個聯盟較能引起球迷的興趣。那麼NBA的**最低**薪資比WNBA的**最高**薪資還要多出七倍，是否構成歧視？歧視可能是差異的原因之一，但是其中的差異並非歧視的證據。

即便是女子運動基金會（Women's Sports Foundation）在像籃球這樣的運動項目中，也拒絕提倡在不同的性別界線之間仍要有同等薪資。女子籃球聯盟就是不如男子籃球聯盟一樣引人入勝，也因此無法像男子比賽一樣，提高所需營收來支付球員薪資。在經濟學術語中，WNBA的產品（球賽）吸引較低的需求（較少球迷），讓聯盟的利潤大幅低於蓬勃發展的NBA。有些人絕對會爭辯這是因為兩者之間本身就有差異：有些球迷會表示男子籃球較有娛樂性，而其他人可能會說女子籃球還在培養球迷與塑造品牌的過程，就像NBA在數十年前經歷的。後者的論點可能反映一些基於偏好的顧客歧視，無論如何，大多數女子職業運動聯盟的現實情況都一樣：與同樣運動項目的男子競賽相比，它們的球迷較少，而球員也拿到較低的薪資。儘管有進步思想的WNBA球隊老闆想要支付女性球員NBA等級的薪資，但是如果這麼做，可能很快就會破產。

相對而言，女性在運動項目中受到歧視有一個很好的例子：網球，在這個例子中，女性選手的薪資相當不錯。的確，以薪資而言，網球是女性的優勢運動項目。網球吸引最高的評價與最多的人潮，而且網球選手不論在巡迴賽獎金或代言獎金都賺得最多。根據《富比士》指出，在二〇二〇年收入最高的女性運動員中，前九名都是網球選手（足球明星亞歷克斯．摩根（Alex Morgan）排名第十）。[28]一般的觀眾可能不怎麼認識女子籃球傳奇阿賈．薇爾森（A'ja Wilson）和布雷安娜．史都華（Breanna Stewart），但是就連最不死忠的球迷都可以在任何時候說出幾個活躍的女子網球選手。

最大的網球巡迴賽，無論男子或女子賽事，都是由同一個主管機構辦理。四大滿貫賽事——美國公開賽（U.S. Open）、澳洲公開賽（Australian Open）、法國公開賽（French Open）及溫布頓錦標賽，兩種性別的比賽同時進行，同樣都是一百二十八名選手出賽。由同一個主辦單位同一個場地舉辦的網球巡迴賽裡，比賽的門票可以進場觀看雙邊的賽事，幾乎不可能從男子賽事與女子賽事之間分析出各自分配到的利益。理論上來說，女子賽事大概創造至少一半的收入，因此如果她們獲得較少的獎金，顯然就是徹底的歧視。

直到一九七三年，大滿貫賽事才認真考慮讓男女獎金相等。那一年，美國公開賽的女子選手威脅，如果沒有拿到和男子選手一樣的報酬就要罷工。巡迴賽的主辦單位不情願地同意這項要求，美國公開賽從此提供男子與女子賽事同樣的獎金，澳洲與法國公開賽不久後也跟進辦理。然而直到二〇〇七年，最後一個堅持不合作的賽事——溫布頓網球錦標賽，才將女子賽事的獎金提高到和男子賽事的獎金相同。直到那時，全英草地網球和槌球俱樂部（All England Lawn Tennis and Croquet Club）還是在同樣的巡迴賽事裡，分配較多獎金給男子選手。溫布頓網球錦標賽是否涉及歧視？

用市場力量消弭性別與種族差異

如果溫布頓網球錦標賽的行為要被視為合理，賽事的主辦單位就需要證據，證明男子錦標賽比女子錦標賽帶來較大比例的收入，但是這樣的證據卻很難取得。相較今日而言，在一九七〇年代與一九八〇年代要取得收視率相當困難，但是一位經濟學家引用CBS電視廣播公司總裁在一九七〇年代中期說的話，他表示女子錦標賽其實比男子錦標賽吸引更多的觀眾。在那項研究中，那位經濟學家也取得一九八八年溫布頓網球錦標賽決賽的尼爾森

（Nielsen）收視率調查，數據顯示，與男子賽事相比，女子賽事吸引的收視率占了很大的比例。要解讀收視率很複雜，因為男子比賽是五戰三勝制，而女子比賽則是三戰兩勝制，因此男子比賽中通常會有較多可以賺取收入的廣告休息時間。[29]

假如這些在一九七三年到二〇〇七年間的結果都是事實，女子網球選手大概就可以考慮成立工會，並控告溫布頓網球錦標賽。如果主要網球冠軍賽的主辦單位受到更多的競爭壓力，女性的情況可能會早點變得更好。

現在大滿貫的獎金男女平等，網球是否就與歧視永別了？可能在大滿貫賽事的獎金而言確實如此，但即便女子網球選手是擁有最高收入的女性運動員，女性最高的收入還是明顯比男性最高的收入來得少。《網球》雜誌在二〇一八年美國公開賽後有了以下的報導：「女子總決賽吸引三百一十萬一千名觀眾，而諾瓦克．喬科維奇（Novak Djokovic）對上胡安．馬丁．戴波特羅（Juan Martin del Potro）的男子總決賽吸引了兩百零六萬五千名觀眾。」[30]同年，《富比士》的最高收入運動員排行榜中有四名男子網球選手，卻沒有女子網球選手。

在運動場和更廣義的勞動市場上，市場力量是減少對女性及少數群體歧視的珍貴武器，但還是有著許多限制。如果顧客懷有偏見，歷史上代表性不足的群體仍會處於不利之地。要消除那種歧視，需要的不是經濟的改變，而是社會的改變。有些時候，沒有競爭壓力存在（例如當職棒大聯盟或NFL老闆要一個只有白人的聯盟時，或是居於主導地位的網球組織溫布頓網球錦標賽可以恣意妄為時），就沒有市場誘因來驅動改變。但其他的限制（或許是公平正義最大的勁敵）是深層而普遍的仇恨。這時候市場力量如果要幫助那些處於遭受歧視那一方的人，可能會既艱難又緩慢。少數族群與女性在美國的勞動市場經歷漫長路途才取得進展，部分要感謝市場力量和競爭。但是經濟學家已經表明得非常清楚，在美國的勞動市場裡，當市場力量進展得太緩慢時，對於創造與持續推動女性及少數族群的權益而言，民權法律是至關重要的。[31]經濟學很強大，但偏狹與刻板印象是更強大的對手。

第七章

賣票黃牛會讓世界更美好?!

——靠「動態定價」重新掌握票券市場供需

二〇〇一年，史帝芬斯只是在亞特蘭大州郊區教書的中學教師。某個週末，她與丈夫到紐約旅行。這對夫妻提前規劃，購買當時非常熱門的百老匯音樂劇《金牌製作人》（*The Producers*）的票券。然而，由於家庭因素與計畫有所衝突，史帝芬斯認為應該取消看音樂劇的計畫，並賣掉音樂劇票券。這個單純的決定，改變了她的一生。「我們花一百美元買了兩張票，結果在eBay上賣了五百美元。我當時的反應是『哇，這麼輕鬆簡單啊！』」[1]史帝芬斯當時還不知道，但是她已經走在成為全職專業票券黃牛的路上。

回到亞特蘭大後，史帝芬斯與丈夫開始「到處選購票券，然後將這些票券放到eBay上出售。」當時他們只是把這份工作當作副業，但是紐約之旅過後的一年，情況有所改變，史帝芬斯懷了第一個孩子。她原本就打算請較長的產假與育嬰假，而她與丈夫發現，可以藉由拓展票券轉售的事業，在請假的同時也賺一點錢。從此以後，她就開始經營Amy's Tickets。她說：「這是一個意外，卻成為很大的收入來源。」

從一開始，史帝芬斯的事業就建立在一個簡單的系統上。只要大學或職業球隊的球賽門票一開賣，她就會購買這些門票，然後將票券放上eBay販售。「我們購買大學球隊強隊的季票，而且跟場館有合約——在每一場賽事，我都有特定座位的優先購買權。這些地方會和仲介合作來擺脫庫存。」

讓史帝芬斯販售門票的球隊並不一定會喜歡她；它們寧可拿到她賺取的額外收入作為營收，但是球隊卻對此容忍，因為她可以接觸到球迷，而球隊不行，並且她可以用球隊不能做的方式變更價格。球隊的優先考量（尤其是大學球隊）單純就是賣出一堆季票，因此樂意讓史帝芬斯負責將季票分開銷售，並找到每一場比賽的買家，而史帝芬斯也同樣樂於擔任獲取利益的中間人。

事情進行得相當順利，也獲利許多。「我之前都是這樣，只要我想賣什麼，就可以迅速賺到錢。」史帝芬斯回憶道。

史帝芬斯以eBay為基礎開始經營事業幾年後，得利於票券銷售平台新成員StubHub的幫助，讓她的事業更上一層樓。一開始，這個新網站似乎只是讓她的系統運作得更有效率；網站處理客服的問題，也吸引大批球迷。

然而，StubHub賜予的亦可收回。史帝芬斯的事業在幾年間做得更大、更好後，

StubHub移轉業務重心，變得對史帝芬斯非常不利。

當史帝芬斯在二〇〇一年創業時，StubHub只是一家初出茅廬的新創公司。但是到了二〇一四年，StubHub成為大多數球迷買賣票券時率先前往的地方。由於StubHub開發科技，讓直接轉換票券越來越簡便，而隨著買家與賣家越來越習慣StubHub作為中間人，就不怎麼需要史帝芬斯了。如同史帝芬斯在二〇一四年形容的：「StubHub曾是我們的夥伴，卻已經變得越來越像是我們的競爭對手。……我懷疑銷售二十張或三十張大學美式足球隊的球賽季票是否會有未來。我們的生活建立在這個事業上，而我不知道未來將會如何。」然而，即使StubHub讓小型轉售商在這個新興的大眾化票券市場裡越來越難生存，還是面臨到自身的壓力。球隊、活動策劃，甚至是投機商人，都試圖從人們手中收回這個市場。

票券轉售，創造「交易互惠」的經濟效益

票券使用的最早紀錄，是在羅馬競技場的活動——格鬥士的決鬥、馬車競賽等。座位

是指定的；陶器碎片作為座位位置的標示。雖然入場免費，但是座位的需求量往往十分龐大，因此人們必須為了票券排隊。地位較高的市民有特別待遇與座位，我們並未在那個時代裡找到任何票券轉售的紀錄。[2]

其中幾個世紀間的某個時刻，組織籌辦運動賽事的人開始將票券視為利潤來源，也因此帶來第一個大轉變：開始需要花錢購票。（同時在某個時間點，紙本票券取代陶器碎片；紙在西元八世紀時傳入阿拉伯世界，十一世紀時傳入歐洲。）球迷開始認為，如果有足夠的人想要觀看運動賽事，收取費用是理所當然的。但是經過很長一段時間後，運動賽事才開始**預先**售票。

這股潮流始於文藝復興時期，十六世紀的英國劇場老闆是記載中最早開始以不同價格銷售票券的族群，讓願意花更多錢的人可以取得較好的位置。他們也發現當票券稀少時，給予老主顧提前計畫的機會相當有用。[3]為了最受歡迎、最萬眾矚目的節目，他們創造額外的創新：引進預先銷售，透過時間與金錢的組合來分配票券。

幾個世紀以來，預售票券變得越來越普遍，並在某個時間點從而催生票券轉售生意。雖然人們喜歡預先購買票券的機會，但是計畫有時會生變。人們購買球賽門票，之後卻發現無法前往觀賽，或是在門票已經售罄的大型比賽開始前幾分鐘，突然決定想要觀賽，而需要想辦法進場。

從事票務仲介，以及這個族群下較不受歡迎的子集合——票券黃牛，經濟學家**喜愛**票券黃牛，或者說至少是喜愛販賣黃牛票這個行為的基本層面，票券轉售創造經濟學家所謂的「交易互惠」（gains from trade）。假設你有一場NFL的球賽門票，但是剛好女兒的足球隊踢進季後賽，使得這張門票的價值現在已經不如你原本計劃觀賽時的價值。藉由把門票賣給其他更重視這張票券的人，你可以賺到一點錢，也可以讓這個世界變得開心一些。如果你一旦決定去觀看女兒的比賽，把這張門票的價值視為零，而有人願意花一百美元購買這張門票，你就可以把這張門票用低於一百美元的金額賣給對方，讓**雙方**都獲益。與其浪費一張門票，你拿到一些錢；而買走門票的買家，則是以低於他原本願意支付的價格買到一張門票，這是雙贏的局面。

雖然這是一個不錯的故事，但幸福的結局並不總是這麼容易擁有。在StubHub出現前，有多餘票券的人很難找到其他想要票券的人，這也是賣黃牛票的人與票務仲介介入的時機。一旦女兒的比賽已成定案，你可以帶著票券到位於當地購物中心裡（假想）的薇妮票券商行（Vinny's Ticket Shop），把你的門票以五十美元賣出，而願意支付一百美元購買門票的人會走進店裡，以八十美元買下。假使你和這位新買家不藉由薇妮票券商行就找到彼此，你可以用六十美元的價格把門票賣給對方。但是在網路世代來臨前，要安排這樣的交易通常不是不可能，就是太耗費時間，導致從中賺的錢還比不上你付出的時間。因此，仲介（或者如果你比較喜歡稱為黃牛）就很珍貴：薇妮票券商行的存在讓你、最後購買門票的人，以及商行本身都獲益。

反對黃牛與票務仲介的主要論點

在網路時代以前，黃牛與票務仲介也提供另一項寶貴的服務：他們充當單純的經銷商。取決於你居住的地點，前往體育場售票處的這趟旅途可能不太方便。如果薇妮前往售票處，購買一些票券，之後在薇妮票券商行周遭的鄰里販售這些票券，每個人都會從中受益。如同沃爾瑪（Walmart）提供販售香皂這樣的服務，讓你不需要跑到辛辛那提，直接向寶鹼（Procter and Gamble）購買香皂，薇妮藉由減少交通與等待的時間，提供寶貴的服務。

雖然經濟學家喜歡票券黃牛，但是許多人卻很討厭他們。如果你在Google搜尋列輸入「票券黃牛」，自動完成功能會出現以下索引，例如「票券黃牛是壞蛋」，或是「球迷痛恨被票券黃牛敲竹槓」。票務仲介並未遭遇如此負面的評價，兩者間的差異是，黃牛在有比賽的時間，在體育場館外做生意；而票務仲介則是在比賽開始前買賣票券，但也很少受到高度讚揚。

導致票券黃牛惡名的原因，單純就是經驗不佳。如同StubHub前總裁克里斯．特薩卡拉基斯（Chris Tsakalakis）告訴我的：「任何曾用比票券面額更高價錢購買票券的人，都不相信經濟學；而任何收到比票券面額還少錢的人，也不相信經濟學。」換句話說，人們經常在覺得自己是付太多錢的買家或賺太少錢的賣家時，感到憤怒不平，他們並非得到好處的人，票券黃牛才是。

另一個與票券轉售商做生意的缺點，就是公然詐騙的可能性。有一些賣黃牛票的人會販售假票，這是事實。如果票券黃牛在體育場館前賣給你一張票，結果這張票其實是一張假票，你很有可能無法拿回你的錢。公然欺詐的確是一件壞事，但我們沒有太多證據顯示，假票造成的問題嚴重到光是造假這一點，就應該禁止整個次級市場。

人們不太相信票務仲介及黃牛的另一個原因是，黃牛常常買下一場比賽的所有票券，然後哄抬轉賣的價格。這樣的場景在理論上可能會導致觀眾席空無一人，儘管如果票券價格合理，會有人想要坐在那些觀眾席中，但即使球迷與球隊總是指控黃牛與票務仲介試圖獨占市場，卻沒有實質證據，至少不是在大型比賽裡。在有四萬個座位的棒球或美式足球賽裡，一群票券黃牛需要購買上千張票才能壟斷市場，他們大概缺乏可以做到如此壯舉的機會與資源，我並未在記錄中看到任何票券黃牛壟斷市場的範例。

在黃牛與票務仲介的事業全盛時期，反對他們的最大論點，大概是說他們浪費時間和資源。對任何一個球迷而言，黃牛可能可以節省那位球迷排隊買票的時間；但是以整個團體來看，黃牛讓球迷更難直接在開放售票時買到票，並且強迫球迷要到處索票，直到最後找上黃牛為止。假使球迷不需要中間人介入即可買賣票券，想必不僅是球迷可以省下更多錢，潛在的黃牛與票務仲介也可以為自己的人生做一些更有生產力的事。

回想一下二〇一一年的史丹利盃（Stanley Cup）決賽，那是國家冰上曲棍球聯盟波士頓棕熊隊（Boston Bruins）醞釀二十多年來首次進入決賽。球隊售票處開放售票的前一晚，上百位球迷在外面紮營排隊；隔天售票處一開門，這場球賽的門票在數分鐘內銷售一空。

但許多買家根本不是球迷，他們之中有許多人會直接走到對街上一整排的票券轉售行，賣掉手上的門票來賺取利益。[4]這些票券轉售者紮營購買票券的行為，浪費每個排隊者的時間，因為這場比賽的門票無論如何都會售罄，而轉售者讓等待時間變得更長。其中一項研究搖滾演唱會（非常類似運動賽事門票的市場）的經濟學分析顯示，轉售者在先搶先贏的票券市場裡帶來的影響確實代價高昂，因為在某種意義上，他們浪費許多人的時間。[5]

黃牛介入，損害了球隊的定價能力

整體而言，票務仲介的確傷害正常提前購買票券的球迷。不過對於那些想在比賽日期接近時再購票的球迷來說，票務仲介省去他們排隊購票的麻煩，也讓計畫生變的球迷可以輕鬆賣出票券。如此一來，票務仲介提供的服務其實大幅抵銷所造成的成本。因此，雖然許多球迷（那些在票券發售時排隊等很久的人，或是意外買到假票的人）有合理原因不喜歡票券轉售商，但對大多數的票券買家而言，反黃牛的尖酸刻薄並沒有正當理由。

正如同球迷，球隊有史以來也一直反對炒賣黃牛票，從自私的觀點來看，這種態度完全可以理解。其一，在想看比賽的需求低時，轉售者可以從持有季票的人，或是預購票券卻發現無法到場的球迷手中，以低於面額的價格購入票券。如果轉售者以低於面額的價格轉售這些票券給其他球迷，這樣的折扣就會傷害球隊的名聲，也會鼓勵球迷不要直接向球隊購買票券，因為他們可以等待，直到找到低於面額的票券為止，這種行為也變相鼓勵人們，不要一開始就先以全額價格購買季票。

不過球隊討厭黃牛的主要原因，是球隊想變得更像航空公司。雖然機票與運動賽事門票在很多方面都相似，但是航空公司有一個球隊欠缺的極大優勢：機票不能轉賣。購買機票的人必須出示身分證件，證明自己是有資格使用這張機票的人。因此，隨著航班的日期越來越近，航空公司的機票價格就會越高，通常是戲劇性地高。除了票價較高外，有時候甚至會高出許多：隔天就要出發的班機票價會比一週內啟程的班機票價來得高；下週出發的班機機票則會比幾個月後才啟程的班機機票來得貴。

對體育賽事而言，趨勢反而相反。經濟學家安德魯．斯威廷（Andrew Sweeting）整理在eBay上棒球比賽門票的銷售，發現一張在球賽兩個月前價值五十美元的門票，到了比賽前一週，平均只值三十八美元，而到了比賽當日則只值三十美元。[6]毫不意外，個人販售的門票在接近比賽日期時，提供的折扣會更大（只想擺脫那張他們無法使用門票的人，通常在比賽當日還會免費贈送），比票務仲介販售的門票來得便宜。

票務仲介以預售票的票價購買票券，同時削弱球隊想在活動接近時哄抬價格的慾望，因此損害球隊的定價能力。當黃牛在停車場以較低價格販售票券時，球隊就無法在比賽前一分鐘以高價販售票券。雖然球隊一直以來都因為這個原因討厭黃牛，但是球迷應該因為這個原因而喜愛黃牛。票券黃牛創造市場上的競爭，而對買家而言，賣家之間的競爭越多越好。

在任何狀況下，直到近期為止，球隊都討厭票務仲介與黃牛，但是顯然這樣還不足以讓它們擺脫。切記，如果你只在活動前、在場地入口處販售票券，要消除票券轉售輕而易舉。球隊之所以容忍票務仲介，因為這是預售票券帶來的副作用。

票券轉售平台如何改變次級市場

球迷、球隊及黃牛之間勉強容忍的脆弱關係，直到二十世紀下半葉都沒有太大的改變。但是網路改變了產業，StubHub這類網站的出現，為Amy's Ticket這類票務仲介造成極大的壓力，因為有多餘票券的人現在可以輕鬆找到想要購買票券的買家。

StubHub進入市場，如何改變黃牛與票務仲介的商業模式?

首先，StubHub打破票券轉售產業的進入障礙。票務仲介以往需要投資店面，或是至少花錢開發並行銷網站。不過在網路上，現在有很多像是「如何成為票務仲介」這類文章，其中有許多文章都建議使用StubHub的超級用戶（super-user）來經營生意。這大概是你可以取得真的唯一保證「不用頭期款！」的商業機會，但是如此輕鬆就能進入市場，也造成激烈競爭，因此市場的新進入者可能很難賺到錢。

第二，它讓票券的次級市場更「密集」，也就是說，在單一網站上有更多票券出售，導致票券轉售者的利潤面臨極大壓力。如果你是買家，越多票券越好；但如果你是賣家，情況可能就不是如此。

第三，票務仲介逐漸被淘汰——消費者現在直接在StubHub上買賣票券，不需要中間人。根據其中一項估計顯示，StubHub創立初期，有六〇%的交易是透過票務仲介，但幾年過後，有六〇%是兩個球迷之間的直接交易。[7]一位黃牛對《紐約時報》記者簡潔扼要地做出這個情況的結論：「StubHub在扼殺我們。」[8]

最後一點則是，StubHub訓練消費者變得更聰明。票券的轉售票價會隨著比賽日期接近而下跌，如此模式對票務仲介與黃牛而言不是問題，因為他們可以預先將票券用高價賣給不想冒風險被擋在門外的球迷。但是幸虧有了StubHub，有許多球迷現在發現，直到比賽開始前，到處都還是可以買到票。

StubHub因此幾乎取代所有曾經由黃牛和票務仲介提供的經濟價值。城鎮裡來了一個新的中間人，降低買家與賣家之間的交易成本，讓這個市場的競爭變得更激烈。薇妮票券商行、在停車場的黃牛及史帝芬斯的網站都身陷重圍，而且可能無法存活。如果它們無法存活，會由誰取而代之？

用動態定價，為消費者量身訂作票價

科技大幅改變票券轉售的經濟學，但一開始還是沒有對球隊如何銷售票券造成太大的影響。的確有一些改變：例如，曾經與史帝芬斯簽訂首次銷售合約的飛利浦體育館（Philip Arena），現在透過票務網站Ticketmaster直接面對顧客。但是如同各個球隊數十年來的做法，它們以可取得的最高價格販售單張門票與季票給球迷。

然而，情況正在改變。因為球隊與聯盟積極致力於實施兩項新措施（也是借鏡航空公司長期以來成功的策略），希望可以顯著增加票務獲利。其中一個做法對球隊而言是很棒的想法，或許對球迷來說也一樣，經濟學家也完全支持；另一個做法則是即將發生的經濟學災難。

第一個是建設性創新做法：「動態定價」（dynamic pricing）。這個名詞如今在球隊票務銷售部門常常聽到，但是這個做法在其他產業已行之有年。舉例來說，旅館業在好幾年前就知道根據每週的哪幾天、每年的哪些時間，以及城鎮內預期會有多少訪客等因素來變動價格，同時也合乎經濟邏輯。隨著指定日期越來越接近，旅館大概知道會剩下多少空房，價格也會因此改變。簡言之，旅館房間是稀有資源，當需求高時，旅館業者就會利用這樣的稀有性取得優勢。最近，Uber和其他共乘平台也利用動態定價〔在這個脈絡下是指「加成計費」（surge pricing）〕，根據當時的狀況平衡供需。

球隊直到現在才開始根據實際狀況，每分鐘更新的需求改變票價。球隊的第一步是根據願付價格（willingness to pay），制定每場比賽不同的票價。舉例來說，與洋基隊在星期六晚上迎戰宿敵紅襪隊的門票相比，洋基隊在週間迎戰運動家隊的球賽門票價格低上許多（運動家隊是我個人最愛的球隊，但顯然不是這個國家的最愛），這種形式的差別取價（price discrimination）是遵循旅館業調整價格的邏輯——旅館預期會有對價格較不敏感的商務旅客時，會在那幾天收取較多費用，這樣的差別取價已逐漸滲透票務市場好幾年，到現在相當普遍。

用同樣的邏輯進一步思考，動態定價涉及讓指定的賽事門票價格隨需求浮動而更貴或更便宜。球隊不想被認為不公平，而且特別不想因為讓等待的人有低價票券而排擠持有季票的人，因此採取動態定價的動作很慢。但是英國足球聯盟中的球隊及職棒大聯盟已經開始採用動態定價，這也成為體育界領導階層間的熱門話題。[9]

如同《芝加哥論壇報》（*Chicago Tribune*）的報導：「本週想要去看小熊隊迎戰科羅拉多洛磯隊（Colorado Rockies）的比賽嗎？檢核小熊隊的網站，星期二時網站上顯示星期一晚間的看台票價是十九美元；而星期三再查，同樣的票價卻要二十一美元。為什麼會上漲兩美元？歡迎來到動態定價的世界。」[10]如同旅館房間的定價，動態定價模型使用電腦演算和分析師的決定，根據特定比賽的需求，產生量身訂做的票價。

動態定價不僅增加獲利，也銷售更多門票

動態定價會增加球隊的票務獲利。其中一位棒球執行長表示：「動態定價可以在整個賽季內，提高平均票價一〇％到一五％。而在季後賽時，動態票價可以把那個比例提高到平均二〇％。」[11]經濟學家斯威廷估計收入增加一六％，這是極大的成長，但並非很大程度的改變，因為票務銷售收入只占職棒大聯盟營收不到三〇％。舉例來說，亞利桑那響尾蛇隊（Arizona Diamondbacks）在二〇一九年票券收入為五千四百萬美元，因此當動態定價讓這個數字增加一五％，就會產生額外的八百萬美元收益：當然是不少錢，卻只占響尾蛇隊付給投手扎克・葛林基（Zack Greinke）年薪的四分之一。[12]

雖然附加的收入可能不是多得很誇張，但是動態定價卻讓球隊得以達成另一個重要的目標：銷售更多門票。對球隊來說，賣出越多座位比讓單張票券的價格最佳化來得重要。票券當然可以更昂貴，但門票通常是以低於市場可接受的價格出售。球隊願意犧牲一些短期的票務收入，因為票券完售可以幫助大眾引發對球隊的興趣，繼而帶來更多長期票券的銷售量。同時，空位對球隊的成本極高，因為少了停車、飲食及周邊商品的收入。

觀眾出席率高可以助長球隊的名氣，這大概一點都不令人意外。任何在《世界體育中心》（*SportsCenter*）節目上看過渥太華參議員隊（Ottawa Senator）或佛羅里達美洲豹隊（Florida Panthers）精彩球賽的人都知道，如果在判罰區看球的人比在看台區看球的人多，對這些球隊沒有好處。[13]此外，滿座的球場可以提升球迷的整體體驗，就像在滿座的餐廳裡吃飯可以加強對餐點的滿意度。[14]

球隊想要更多人進場觀看球賽，因為每多一個球迷就可以為其他群眾增加邊際效用（marginal utility）。另外，場館內有許多觀眾的話，除了感覺自己是在參加很受歡迎的活動外，還有其他好處隨之而來。許多球迷喜歡參與一些「定番」的團康活動，例如「波浪舞」或是一起呼喊「加油（主場球隊名）」。這兩個儀式都需要夠多的球迷同好才能進行，也可以增加許多人對球賽的喜愛。

況且球隊想在未來炒作創造更大的球迷群，即使在短期獲利中要犧牲幾塊錢的代價，現今球隊仍舊在提升出席率上握有既得利益，因為在球賽中玩得盡興的球迷較有可能再次進場支持。對體育的痴迷可以有接近上癮的魔力；認真的球迷就算是在晚餐派對或婚禮上，都可能會覺得有必要查看一下最喜愛球隊的狀況。[15]

簡言之，球隊有很強的動機讓球迷坐在觀眾席上。而動態定價可能會是一個關鍵的方式，讓球隊可以讓場館滿座，卻不用將價格壓到像過去一樣低。而且動態定價幫助球隊，但整體來說也不會傷害到球迷。當然，還是會有一些人支付較多的錢（那些之前排隊購買洋基隊迎戰紅襪隊比賽門票的人，當時那場球賽的票價和洋基隊迎戰運動家隊的票價相同），但球隊只是幫助球迷分配票券，如同過去的票務仲介在分配票券。動態定價不會消失，而我們大多數的人應該都沒有意見。

推行不可轉讓票券的重重難關

至於一些球隊希望從航空業借鏡的第二個想法——不可轉讓票券這一點，我就不怎麼樂觀了。

你無法將自己的機票賣給另一位乘客，因為機票與登機證上有你的名字，而且當機場的安檢人員和航空公司員工看到一張原先是賣給別人的機票時，不會讓你登機。從組織與複雜度來看，那樣的執法行為是很困難的。航空公司只能阻止你使用別人的機票，因為他們在你登機前會多次要求出示身分證件。

要以這樣的制度進入比賽場館，執行方式會變得比現在的情況更加複雜，但是沒有理由說體育場館不能實施同樣的制度：它們可以販賣一張印有你名字的門票，然後在進入場館時，要求你出示身分證件。但是球隊不想將這樣的負擔加諸在球迷身上，因為這可能會減緩入場的速度；同時球隊也不想排擠忠實的季票持有者，因為這一來，季票持有者就無法賣出或贈出票券。然而，不可轉讓票券在音樂會上已經越來越常見，而音樂會的季票持有人並不是問題。

支持不可轉讓票券的人，通常是訴諸票券黃牛的邪惡面來解釋不可轉換性。轉售者的確會把額外的成本加到球迷身上，無論是要求球迷支付比標價更高的價格購買，或是讓球迷在開放售票時，耗費時間和資源與票務仲介競爭。這樣的問題在近年來因為機器人的崛起已經惡化，所謂的機器人是一種電腦程式，只要線上票務一開放購票，就可以馬上搶購，完全是為了之後轉售票券的獲利而存在。由於要寫出這種電腦程式相當簡單，以至於機器人的擴散程度已經讓黃牛市場變得相當競爭。夠幸運的轉售者如果能馬上得到高額價值的票券，可能為他們帶來不錯的利潤；但對許多人而言，這並不是非常有利可圖。

如果可以早一點跟票務仲介拿到比較便宜的票，球迷真的沒有理由直接支付球隊高額費用。然而不曉得怎麼一回事，編寫機器人程式的人和其他轉售者不斷比球隊老闆更引起球迷的不滿。因此球隊正努力嚴格限制轉售，宣稱是為了球迷著想，反對那些貪婪的票券仲介。

越來越多球隊和聯盟開始與單一的轉售管道合作，讓這些管道變成「獨家」票券販售點。舉例來說，如果你有興趣想買一張國家大學體育協會四強賽（NCAA Final Four）的男子或女子籃球錦標賽門票，可能最後會在PrimeSport.com上購買。這並不是因為你覺得這個網站比其他選項更容易使用；你更可能未曾聽過PrimeSport，而且相較於競爭者而言，這個網站也沒有什麼特別。你會在PrimeSport.com上購買，是因為該公司與國家大學體育協會簽訂獨家合作協議。國家大學體育協會並未批准在StubHub上銷售四強賽門票，而且StubHub上也不保證顧客購買的票券真偽，無法像PrimeSport一樣無縫接軌地提供票券給顧客。

這真的是問題嗎？票券不都還是可以轉售？這確實是一個問題，因為這是準壟斷

（quasi-monopoly）。PrimeSport沒有和StubHub公平競爭，可以收取較高的佣金，如此額外的利潤空間，讓該公司可以支付國家大學體育協會可觀費用，成為獨家代理商，而國家大學體育協會也因此增加獲利。

這種形式的協議並不像單純的壟斷來得糟糕，但是的確抑制競爭，也傷害了球迷。此外，雖然球隊聲稱在過程中去除仲介是為了球迷的權益著想，但卻沒有試著為了球迷降價，反而想要奪取仲介的獲利。法律教授克里斯·薩格斯（Chris Sagers）隱約看見票券銷售的未來，警告若是未能通過法律保障消費者，狀況可能會不太好。他表示：「演出者、承辦人、球隊與票券公司都想限制球迷處理票券的方式，並且最終想要壟斷現今利潤豐厚的轉售市場。他們聲稱自己的目標是為了消滅黃牛票，但事實卻是如果他們可以控制市場，即可從票券轉售市場中獲利。此外，他們想要去除轉售市場的競爭，以維持高昂的初始票價。球隊非常在意後者的目標，以至於有些球隊甚至私下在旗下的轉售交換市場裡，強制實行價格下限（price floor），而有些……則威脅要沒收球迷在競爭對手的交換市場中轉售的季票。」[16]

薩格斯所指的「價格下限」，是避免球迷以低於面額的價格在獨家轉售網站上銷售票券。

雖然這些規定名義上是為了保護季票持有者的投資，但實際上卻造成觀眾席的空位。如果可以用市價買到門票，許多沒有到場的球迷可能就會開心地前往觀賞比賽。職棒大聯盟官方轉售網站StubHub，允許人們以低於面額的價格銷售票券，因此賣出更多的座位，但是卻有一些賣家覺得不開心。StubHub前總裁特薩卡拉基斯，回憶他在一場雞尾酒派對上，被一位持有舊金山巨人隊（San Francisco Giants）季票的投資銀行家騷擾。「他問我：『你可不可以做點什麼，讓票價不要比面額來得低？我知道供需怎麼運作，但是對我而言，卻不喜歡這樣。』」

票券市場的未來創新：附加價值與升等方案

隨著球隊與聯盟在轉售市場中強加更多的限制，以及使用動態定價來填滿座位席次而不需要黃牛，票券黃牛和仲介的未來會是什麼？我預見兩個近期的創新會轉變成更大的趨勢。

Amy's Tickets提供第一個答案：票券以外的附加價值服務。經濟的力量將Amy's Tickets轉換為Amy's VIP Events。史帝芬斯解釋，Amy's VIP Events提供的不只是票券，更是提供旅館服務、主辦活動及交通。如果想看一場大型比賽或錦標賽，但想讓這趟旅程感覺更像是一場餐後酒會，就應該打電話給她。如此的高級商務服務是針對正在成長的市場——美國的有閒階級所設計，他們有錢花在尋找獨特又值得紀念的體驗，這就是史帝芬斯的未來。她表示：「我在舉辦更大的活動，遠離日復一日的賣票生活。貴賓這方面絕對是我可以發展的領域。」

大型票券轉售商也不落人後，舉例來說，StubHub為所有的超級盃（Super Bowl）客戶舉辦派對，而PrimeSport在國家大學體育協會男子籃球四強賽中舉辦一連串的「貴賓招待」（VIP Hospitality），包含運動酒吧遊戲、美食與美酒，以及能一睹大學籃球傳奇人物的機會。Amy's Tickets有較多人情味，但要維持優勢可能較為困難。

第二個前途光明的創新，也是球隊向航空公司產業借鏡而來的想法：升等。一些職棒大聯盟的球隊已經開始推出場內升等方案。如果你到了球場，不喜歡所在位置的視野，又不敢偷偷穿越引座員，跑去更好的位子，你可以在手機上開啟聯盟經營的應用程式，花錢換到有更好視野的空位。每場比賽都有一些購票卻沒有出席的人，或是有些人從未成功轉售手上多餘的票券，透過這些在比賽中轉售票券的應用程式，市場裡「看不見的手」即可更有效地運用這些資源，同時也可以為球隊賺取一些利潤。

座位升等也可以幫助球場看起來也感覺更滿座，加強球賽的體驗。有些球隊有觀眾購票卻缺席球賽的問題，例如洋基隊，這些球隊就較有可能採取這樣的方案。洋基隊視野好的座位價值連城，因為紐約充滿富有的金融家，他們會把座位給客戶、請別人看球，或甚至有時候帶著全家人來看洋基隊比賽。只有一個問題：這些票券持有者通常不在乎是否出席。記者克里斯．康納斯（Chris Connors）感嘆道：「靠近球場邊的下排空位多得刺眼。」還指出：「洋基隊在富麗堂皇的住所裡，不斷地制定高價，將最支持他們的死忠球迷驅離最夢寐以求的座位，傷害了球迷。」[17]這些擁有絕佳座位卻不進場觀看球賽的「球迷」，排擠了坐在上方看台，較不富裕卻更熱衷的球迷。

如果更熱衷比賽的球迷可以透過升等方式，填滿這些無人出席的座位，洋基球場的氛圍就會有所改善，而洋基隊也能從忠實追隨者中抽取一些金錢。然而，還是有一個阻礙可能會阻止升等座位變成常態。記者湯姆．雷（Tom Ley）總結表示，洋基隊「不想讓在StubHub上購買便宜票券的粗鄙下等人士，和支付全額票價的有錢球迷坐在同樣的區域。」[18]目前，座位升等在擁有較少超級富有球迷的球隊之間有所進展，就像我最愛的在地隊伍運動家隊。[19]

或許一些球隊會跳脫傳統思維，嘗試另一種有前途的方法來解決空位問題：免費贈送票券。球隊是否可以單純憑藉先搶先贏的方式送出票券，然後藉由小吃販賣部的銷售與球迷的善意，彌補失去的票券收入，再從而獲得更高的收視率和更貴的電視轉播權？雖然我想看到一支球隊用免費門票來實驗這種方式，但是這樣的方式要成為熱門新趨勢卻相當困難。與電視轉播權相比，票券的銷售量很少，但門票帶來的大筆收入確實也是小吃販賣部無法取代的。況且如果人們沒有花錢購票，可能就不會這麼投入比賽，甚至可能會因為忙碌或天氣不理想，就不去觀看比賽。或許在這個情境下，沒有出席的人數會讓場館比門票價格高昂時更加空曠。不過最重要的是，免費門票最後可能不會是免費的；機器人與仲介會很快地貪婪攫取好座位，然後轉售這些票券。球隊老闆已經知道要容忍仲介，讓仲介從票券銷售中獲取些許利潤，但是別指望他們把**所有的**利潤都給仲介。

過去與現在的市場都很善待持有票券的人：越密集的市場讓買賣更容易。我們可以期望未來更光明美好，但是隨著球隊更成熟精明，也要做好它們會繼續想出辦法，從票券銷售中擠出更多錢，並去除黃牛的準備。或許世界各地的政府會保護買家與轉售市場，但是由於球隊長期以來形塑大眾討厭黃牛的想法，因此我並不指望政府有所作為。

第八章

我們該支持國家舉辦奧運嗎？

——用「直接成本」與「經濟成本」計算公共投資

哈薩克前總統努爾蘇丹．納扎爾巴耶夫（Nursultan Nazarbayev）總是能讓自己稱心如意，流著遊牧民族血液的他，在故鄉哈薩克的政治界崛起，在一九八九年（當時哈薩克尚未脫離蘇聯統治）成為哈薩克領導人。四年後，他成為哈薩克獨立建國後的首任總統，從此不斷以超過九成的得票率連任，在位三十年。當然，從職務上而言，他是一個獨裁者，不過對於他是否為良善的獨裁者，各方看法不一。在他執政期間，這個富有資源的國家經濟表現不錯，也與俄羅斯建立密切的關係。[1]

然而，納扎爾巴耶夫無法取得他似乎真心渴望的一樣東西，就是他個人與國家的國際社會認同。至少在美國，哈薩克最廣為人知的就是，英國演員薩夏．拜倫．柯恩（Sacha Baron Cohen）飾演的虛構角色芭樂特（Borat）的故鄉。雖然哈薩克的土地面積比西歐還大，但可能只有少數西歐人士可以在地圖上指出哈薩克的位置，甚至更少人聽過納扎爾巴耶夫。納扎爾巴耶夫試著讓自己的國家出名，包含支付英國前首相東尼．布萊爾（Tony Blair）數百萬美元的諮詢費，以及與義大利前總理西爾維奧．貝魯斯柯尼（Silvio Berlusconi）換取大眾讚賞，但是這兩種做法似乎都不太有幫助。

因此，納扎爾巴耶夫嘗試另一個方式：以哈薩克最大城市阿拉木圖（Almaty）申辦二〇二二年冬季奧運。這份努力一開始因為機會渺茫而不受重視，觀察家認為，這個國家相對而言鮮為人知、位處偏遠，而且人權紀錄不明。[2]但是該國的競標主辦行為卻逐漸引發關注，《紐約時報》報導哈薩克希望能藉由奧運，「在世界舞台上聲名大噪。」納扎爾巴耶夫對媒體驕傲地說：「這是征服新高度的跳板，哈薩克應該以出產冠軍聞名。」

雖然最後，納扎爾巴耶夫的重要時刻被奪走了。二〇一五年夏季，奧林匹克委員會（Olympic Committee）宣布北京獲得冬季奧運主辦權。這項決定多少看出奧林匹克委員會對哈薩克的評價頗低，畢竟北京有許多劣勢，除了空氣汙染嚴重，近郊山區只有極少量的雪，以至於需要許多造成環境負擔的人造雪外，還計劃將奧運所有賽事分散在數百英里外，而且近期才剛舉辦夏季奧運。

城市承辦大型體育賽事的反對聲浪

為什麼二〇二二年冬季奧運主辦權競標，最後只能在兩個專制政權下有瑕疵的城市之間做選擇？事實上，承辦大型體育賽事背後扭曲的經濟誘因，幾乎給了納扎爾巴耶夫絕佳的機會，只有邪惡或被忽略的國家急於渴望展現國力的強大，才會願意為此耗費金錢與心力。

全球對於承辦賽事興趣缺缺是一個新現象。二〇一三年，奧林匹克委員委員會開放城市競標二〇二二年奧運主辦權，當時許多城市都認真地開始準備投標過程，有六個城市最終準備詳細的投標文件。然而不久後，麻煩開始浮上檯面，瑞典斯德哥爾摩（Stockholm）因為國內政黨反對，率先退出競標；二〇一四年五月，波蘭克拉科夫（Krakow）針對這項投標舉辦公投，發現市民抱持反對意見後也宣布退出；烏克蘭利沃夫（Lviv）因為國內的政治危機，不久後放棄角逐。在這些城市退出後，只剩下挪威奧斯陸（Oslo）是領先的候選城市：挪威曾舉辦一次成功的奧運，因為當時油價高漲而讓「奧運財，淹腳目」，同時挪威也是冬季奧運獎牌數多年來的常勝軍。但是二〇一四年十月，與阿拉木圖和北京一起入圍最終決選名單後，奧斯陸因為當地排山倒海的反對聲浪而退出。[3]

奧斯陸、斯德哥爾摩與克拉科夫的居民認為，舉辦奧運代表三週的狂歡之後，就是好幾年的負面經濟影響。大型公共投資原本可以挹注需要的政府計畫，而不是用於建設大型體育場館和其他體育設施。經濟學家艾倫．布蘭德（Alan Blinder）曾表示：「經濟學家在他們最了解也最認同的政策中，影響力最小。」[4]他記得，幾乎每個經濟學家都嘲笑租金管制與貿易壁壘，但是諸如此類的做法至今依然存在。然而，經濟學家約翰．西弗利（John Siegfried）與安德魯．辛巴里斯（Andrew Zimbalist）也曾寫道：「在實證經濟研究中，很少有領域能提供幾乎一致的研究結果。不過論及運動場館的經濟影響，所有的獨立研究都不約而同地發現，體育設施建設與經濟發展在統計上沒有顯著的正相關。」[5]經濟學家對申辦奧運與世界盃足球賽已存疑數十年之久，但是直到近期從缺乏申辦二〇二二年奧運的城市才看出，政治人物和納稅人對於這類投資的熱情已經衰退。

這個問題歸結於兩個普遍的經濟現象：「代理問題」（agency problem）（也就是說，做決定的人和為這個決定支付金錢的人，兩者的利益不一致）；以及老掉牙的貪汙問題。試想下述三個例子：

- 弗拉迪米爾．普丁（Vladimir Putin）以俄羅斯全體的名義，決定二〇一四年的索契（Sochi）冬季奧運沒有預算限制。最後，花費五百一十億美元的二〇一四年冬季奧運成為史上最貴的奧運，無論是夏季奧運或冬季奧運。舉例來說，準備奧運的過程中，俄羅斯興建連接奧運選手村到滑雪賽事的鐵路，延伸三十一英里（約五十公里），花費八十七億美元，比美國國家航空暨太空總署（National Aeronautics and Space Administration, NASA）花費在最新一代火星探測車上還多三倍的錢。負責建設這條連接鐵路的鐵路公司老闆與普丁交往密切，也和當地的銀行及兩家不用競標就拿到合約的公司有所關聯。[6]
- 威斯康辛州在二〇一五年同意支付兩億五千萬美元建造ＮＢＡ公鹿隊的場館，在考量利益及許多隱藏成本後，納稅人真正要負擔的價格會高出許多。公鹿隊老闆是避險基金經理人韋斯利．艾登斯（Wes Edens）與馬克．賴斯瑞（Marc Lasry），兩人都有數十億美元的身價，卻威脅如果場館不是由政府出資，就要將公鹿隊遷移到其他地方。州長史考特・華克（Scott Walker）同意州政府會出資建造這座場館，在同一年也簽署立法，授權刪減威斯康辛州公立大學三億美元的預算。[7]

- 在浪費公共資源這方面，能和奧運分庭抗禮的唯一運動，大概就只有世界盃足球賽了。卡達透過直接賄賂負責決定比賽舉辦地點的官方人員，贏得二〇二二年世界盃主辦權。這樣的作弊是必須的，因為實在沒有任何理由要在卡達舉辦：天氣酷熱、合適的運動場地非常稀少，也沒有任何值得注意的足球傳統。卡達從未踢進世界盃，儘管藉由承辦比賽可以在二〇二二年直接晉級。為了避開炎熱高溫，這場賽事必須在深秋舉行。許多有天賦的非裔球員歸化卡達國籍，該國試著組成一支隊伍（根據後來的結果顯示，這項嘗試並不成功），取得二〇一八年世界盃參賽資格，政府也以天價開始著手建造一系列新場館。[8]辛巴里斯預計，卡達在這場賽事會損失將近兩千億美元。[9]

這些案例和其他無數案例的共通點，就是少數的個體握有權利，決定多數人的群體如何花費他們的錢。如此的利益不一致，導致由選舉出身或是自行宣稱的領袖可以制定對自己有好處的財務決策，卻傷害到人民。

儘管如此，有希望的消息即將到來，球迷與市民開始反對讓納稅人花大錢為運動賽事和場館設施買單。他們能否阻止城市把錢揮霍一空？或許可以，雖然那些支持承辦奧運的人，試圖比那些堅持財政責任的人更勝一籌。

舉辦奧運到底是賺是賠？

主導申辦奧運的人，也是提倡建設新場館、認為賽事可以創造長久經濟活力的人，但是這些說辭毫無根據。要了解主辦邏輯的問題，先思考一下，在財政方面來說，人們廣泛認為比較成功的奧運：二〇一二年倫敦夏季奧運。[10]

倫敦主辦單位將該區域新建的場地與場館稱為「奧林匹克公園」（Olympic Park），園區內包含斥資四億六千萬美元的水上運動中心（Aquatics Centre）、斥資六千兩百萬美元的籃球館（Basketball Arena）、斥資一億八千萬美元，供自行車場地比賽的自由車館（Velodrome）；斥資三千兩百萬美元，供曲棍球比賽的河堤館（Riverbank Arena）、斥資四千六百萬美元的水球館（Water Polo Arena）、斥資七千五百萬美元，舉辦手球隊**預賽**的銅箱館（Copper Box）；還有當然不可或缺的，斥資八億三千兩百萬美元，提供田徑項目比賽的奧運主場館（Olympic Stadium）。對於有在記錄這些數字的人而言，總金額是**十六億九千萬美元**，而這筆錢還不包含其他需要升級現有設施的運動項目，如擊劍、衝浪或沙灘排球等。[11]

奧運過後要如何處置這些場館？水上運動中心在奧運過後，經過重大且鉅額的翻修後，在二〇一四年開放給大眾使用。籃球館原先是可移動式設計，卻被拆裝拿去拍賣，並且沒有已出售的報導；河堤館及水球館都是在奧運比賽結束不久就拆除；自由車館維持原狀，雖然可能是最一流的室內自行車場館，但英國國家隊仍決定以曼徹斯特為訓練基地；銅箱館曾舉辦籃球隊和手球隊的主場比賽，也是綜合格鬥賽表演場；奧運主場館提供西漢姆聯足球俱樂部（West Ham United F.C.）**免費使用**，接著額外花費四億美元，將場地改造成足球專用球場，這筆改造費用大多由英國政府負擔。值得一提的是，在舉辦奧運前，倫敦早已有幾座大型場館，而每座場館一年都只使用二十次左右。

為期兩週半的奧運比賽，必須有著非比尋常的獲利，才能彌補主辦這些比賽的花費。奧運為倫敦帶來額外的關注，大概也會帶來一些額外的旅遊商機及新的商業交易。不過與其舉辦光鮮亮麗的射箭和擊劍展演，倫敦是否將一百四十億美元花費在其他方面會更好（如改善交通或重新培訓那些製造業的失業員工，兩者都有長遠的利益）？這也很難說，而且別忘了，倫敦奧運版本是大眾普遍認為在財政上相對成功的奧運；諸如此類的活動通常會浪費更多錢。

公共投資的錯誤邏輯

如同政治人物認為申辦奧運競標理由正當，球隊老闆也藉由保證會帶來額外的巨大經濟效益，迫使城市打造場館。想要主場城市為球隊建造嶄新設施的球隊，顯然不認為場館的建設可能會導致巨大損失，反而推出一系列經濟學家與開發商的報導（當然，這些人全都由球隊僱用），說明新建設保證可以帶來經濟蓬勃發展的理由。一座閃亮嶄新的體育館或棒球場可以如何幫助城市的經濟發展，原因大概不難想到，因此我們能隨喜地推測，撰寫這些報告的人相信他們的論點有一點根據。

試想金州第一中心（Golden 1 Center）的例子，這是二〇一六年為了沙加緬度國王隊（Sacramento Kings）打造的球場。這座球場的建設工程費用估計是四億七千七百萬美元，由沙加緬度市負擔兩億五千五百萬美元。市政府建立網站向納稅人推廣這項協議，其中一個常見問答是關於新場館的經濟效益，市政府的回答為，該計畫會透過「商業投資」、「銷售、房地產、旅館與公用事業稅收」，以及「工程期間會創造上千個工作機會……與數百個永久職位」的特定方式，「增加市區中心區域的活力。」

國王隊認為企業會想要遷移到炙手可熱的新場館所在區域，因為場館可以吸引球迷，球迷就會在前往比賽會場或比賽結束要離開時，頻繁造訪這些新的商家，藉此發展當地經濟。加上政府可以取得稅賦收入，並且為當地居民創造額外的工作機會，這樣的提議聽起來很有前景。

但是這些利益真的會在這座運動場館的周遭區域形成嗎？以金州第一中心的例子來說，發展比你預期得好上太多了。首先，最終的建設工程花費大概在五億六千萬美元，只比預算多出一七%。此外，因為沙加緬度市政府在協商合約的部分做得格外出色，因此超出預算的八千三百萬美元全由國王隊老闆支付。這在美國職業運動場館標準中是非常成功的案例，實在很可惜。

至於場館的效益，沙加緬度市中心合作夥伴（Downtown Sacramento Partnership）發表一份情況說明書，在金州第一中心成立兩週年時列出它的成績。這份檔案特別提到在場館成立的頭兩年，沙加緬度市區房地產銷售與投資可觀，就業率大幅成長，同時提到市區辦公室空屋率是五年來最低，市區的顧客流量也大幅提升。

這些情況都是事實，而且新場館似乎絕對沒有損害當地經濟，但是否提供當地經濟幫助？要回答這個問題，需要知道兩件事：如果市政府沒有打造這座場館，情況會如何演變？場館周邊的經濟活動，如何影響鄰近區域的經濟活動？

興建體育場館的經濟成本考量

從二〇一五年到二〇一八年（建造金州第一中心的工程時期，以及中心啟用後的頭兩年），有幾個和場館無關的趨勢，影響沙加緬度的商業環境。經濟正在蓬勃發展，城市的失業率從六%降至三．九%；人口結構有利於市中心的市場，例如金州第一中心附近的區域；人們從日漸昂貴的灣區移到如沙加緬度這類較小城市；房地產的價值增加；還有所有靠近沙加緬度的主要城市，辦公室空屋率都下降了。〔為了說明當地房地產價值成長不僅限於沙加緬度，請留意在沙加緬度東方大概一百三十英里（約兩百零九公里）的較小城市——雷諾（Reno），空屋率下降的比例和沙加緬度差不多；而在沙加緬度往西九十英里（約一百四十五公里），在舊金山的第二次科技泡沫，使得沙加緬度繁華的市中心看來如同簡陋的鄉鎮。〕簡言之，沙加緬度的蓬勃發展，與建造金州第一中心及其開幕時在同樣的時間，無論如何都可能會經歷一段強勁的經濟發展時期。

沙加緬度市中心合作夥伴有許多不錯的數字可以支持這個論點，但是衡量市政府兩億五千五百萬美元公共投資的方式，並不是單看場館的表現如何，而是看這些錢能否有效運用。場館實際的經濟成本包含直接成本（direct cost）與**機會成本**（opportunity cost）。任何採購只有在效益勝過成本**與**資源最有效運用時，才是值得的。想像你走進一家二手商店，每樣東西的定價都是一美元，而你的口袋裡有一張一美元紙鈔。假設你找到一張價值二十五美元的珍貴棒球卡，以及一張價值二十美元的舊超級盃門票。如果你只能花一美元，購買門票當然會獲得利益，但是不買那張棒球卡卻會讓你損失另一個更棒的利潤。因此，購買門票就是你並未妥善分配自己的非常稀有資源——你的一美元。

同樣的情況也適用於體育場館協議。沙加緬度市答應國王隊的兩億五千五百萬美元，在規模龐大的公費補助場館中算是合理的，而且在主要聯盟運動的城市裡，沙加緬度的人口較少。沙加緬度值得讚揚的部分是，確保這座城市不會負擔超出的金額，而且似乎做了其他事來鼓勵當地的經濟發展。如同倫敦將舉辦奧運的損失降到最低，金州第一中心並未極端地揮霍太多人民納稅錢。

然而，與其為有錢的NBA球隊打造新場館，這座城市可以將兩億五千五百萬美元，以每年五萬美元的薪資僱用超過兩百名工人二十五年；這筆錢可以用在路平或水資源專案，解決這個區域頻繁的乾旱；也可以資助沙加緬度大學（Sacramento State University）的捐款成長一〇〇〇%，該所大學已經每年都為當地經濟創造超過八億美元的收入；或是可以大幅補救這座城市二十億美元退休金計畫的虧損。沙加緬度並不是真的有兩億五千五百萬美元來揮霍，但是既然決定要花費這筆錢，對這座城市的經濟而言，與將兩億五千五百萬美元花在新場館上相比，這些投資中的任何一項都幾乎絕對會有更多回饋。但是市政府促成這項協議，而金州第一中心現在每年舉辦許多國王隊的球賽及其他活動。

將公帑投資體育場館無法帶來收益的原因

沙加緬度做出錯誤的決定。一項又一項的經濟學研究顯示，以涉及的投資而言，納稅人的錢在體育館與競技場上永遠不會產生有利的收益。即使設施附近的區域表現良好，也只是帶動經濟活動，在數英里處外其他形式的娛樂同樣可以做到。如同經濟學家西弗利與辛巴里斯所述：「就算球隊可以重新安排都市區域內的消費與經濟活動，也不太可能會增加太多。」

為什麼將納稅人的錢投資在體育場館或競技場不會帶來收益？我們可以點出幾個可能的原因，而每個原因可能都會導致這種情況。

第一，場館的成本幾乎總是比初步預估來得高，而球隊通常期望政府可以生出額外的金錢。那些推動這項協議的人有動機低估成本，讓計畫案通過，而且不知為何，一座又一座的城市都中了這個把戲。因此早在場館開放之前，城市無疑會負債，但是這樣的現象可能會慢慢消失。如同先前提到的，沙加緬度在此劃清界線，確保由球隊負擔額外的成本支出；同樣地，當德州阿靈頓（Arlington）選民同意在德州遊騎兵（Texas Rangers）的棒球場花費五億美元公共基金時，他們同意的前提是，遊騎兵隊要自行承擔所有增加的成本。假使城市接下來持續資助體育場館，就讓我們期待這些城市至少跟隨沙加緬度和阿靈頓的腳步，不要開一張毫無限制的空白支票。[12]

第二，球隊為社區增加的工作，大概是領取基本薪資又兼職的工作。如國王隊這類籃球隊，一年打四十一場主場球賽，不算季後賽的話，大概一晚三小時。即便加上演唱會和其他在場館內的活動，小吃販賣部或停車場的員工一年也只會有數百個小時的工作時數——這並不是長期收入的飯碗。此外，每當體育場館晚上有活動時，幾英里外的娛樂場所就比較不擁擠，也因此需要的員工較少（或小費較低），而原先場館增加的就業機會很可能被抵銷。

第三，原本預期場館會為周遭社區帶來漣漪效應，結果根本不存在。在場館一或兩個街區內的商家，當然會看到銷售量因為球迷出入比賽而有所成長，但是沒有研究顯示新場館可以為都市整體帶來額外的錢潮，甚至還有幾項研究顯示並不會如此。[13]

最後，城市沒有談判籌碼，因為處於供需不平衡下弱勢的那一方，奧林匹克委員會只有一個，奧運每四年只有夏季和冬季兩場。同樣地，在每個主要運動聯盟中，只有大概三十支球隊。在大風吹的遊戲裡，大型活動與球隊就是椅子，而城市就是那些急著找到椅子以免落單的孩子們。

球隊迫使當局建設新場館的絕招

對球隊來說，威脅要遷移到另一個更歡迎它們的城市，是一張很有價值的王牌。球隊數量相對稀少，自然就導致幾個大城市沒有球隊。四個排在前二十名的大都會地區（聖地牙哥、西雅圖、聖路易及巴爾的摩）都缺少籃球隊，以及五個排名前三十大的大都會區域〔夏洛特（Charlotte）、波特蘭、聖安東尼奧、奧蘭多與沙加緬度〕都缺少棒球隊。同時，只有十二個大都會地區同時擁有四個主要運動項目的主場。代表在美國，對於表現較不好、較小的城市而言，許多大城市都是威脅，因為可能會挖走較小城市的球隊。

許多城市都想要球隊，因此在任何時候，只要球隊想要新場館，搬家就成為簡單的談判籌碼。例如國王隊，在新的沙加緬度老闆聯合答應興建最先進的新場館前，都已經收拾好行李要搬到西雅圖。幾支知名球隊的遷移例子，也是受到場館協議驅使。在一九五〇年代，對新場館的渴望（更精確來說，是對場館要蓋在哪個地點的不同意見），是職棒大聯盟道奇隊從布魯克林搬到洛杉磯的其中一個原因；一九九七年，新設施的誘惑讓NFL的休士頓油人隊（Houston Oilers）變成田納西泰坦隊（Tennessee Titans），而國家冰上曲棍球聯盟的哈特福德捕鯨人隊（Hartford Whalers）則成為卡羅萊納颶風隊（Carolina Hurricanes）。[14]然而，只有少數球隊因為新設施而搬家，因為所在的城市通常會在球隊威脅要離開時掏出一些錢。

如果城市實際一點，建造場館絕不能單靠財政原因而視為正當的選擇。經濟學家羅傑·諾爾（Roger Noll）與辛巴里斯曾建議，如果政府把一部分要花費在場館上的錢，直接拿來賄賂一支球隊，請對方不要離開城市，對每個人都會比較好。[15]但是否存在另一個合理原因，支持一座場館、一場奧運申辦競標或世界盃的論點？畢竟，比賽充滿許多樂趣。

權衡公有場館的財務效益與幸福感

雖然公費出資的運動設施總被證明是糟糕的投資，但只要場館提供大眾除了財務以外的足夠利益，經濟學家還是可以將場館的支出合理化。幸福感或實用性帶有合理的經濟價值，而這些價值並不一定總是能被定價。如果你買了一張一千五百美元的門票，在季後賽時坐在洋基隊球員休息區上方的第一排，這並不是因為你期望可以接到一顆界外球，然後丟給阿朗・賈吉（Aaron Judge），得到價值兩千美元的簽名球，而是因為觀看比賽得到的快樂與回憶值得一千五百美元。同樣地，或許城市心知肚明五億美元的場館成本無法回收，但是認為市民因為城市有一支球隊的快樂而具備如此價值。

如果這是事實，就可以簡要明確地解決使用公帑興建場館的難題；或許市民知道場館與活動的經濟貢獻只是虛構，但他們認為非財務性利益勝過成本。

或許如此，但或許也不盡然。一群經濟學家研究二〇一二年倫敦奧運，使用衡量倫敦（相較於其他城市）人們在奧運期間幸福感的調查，發現倫敦的人們在奧運開始與結束時確實感受到幸福。如果以經濟學的方法將幸福感轉換成美元計算，看看人們為了更快樂幸福而願意花錢的意願，計算結果發現，奧運創造的幸福感，除非效益延伸到英國大多數的區域，否則不足以彌補舉辦奧運的成本。經濟學家也發現，人們感受到的幸福感僅限於奧運期間，並未延續到一年後的追蹤調查。[16]

另一個認為場館與奧運的熱情光環不會大於財務成本的原因，就是民眾逐漸高漲的反對聲浪。如同先前提到的，負面輿論導致奧斯陸和其他城市退出二〇二二年冬季奧運的競標。近期的民調與在公投選舉中逐漸增加的「不同意」結果，更進一步指出反對將公共支出花費在運動投資上。美國在二〇一四年進行的全國民調發現，六九％的人反對政府資助NFL場館，這個趨勢在近年的投票也有所反映。職棒大聯盟、NBA、NFL或國家冰上曲棍球聯盟球隊中，後三者獲得選民支持政府出資興建場館的地區，都在瘋迷體育的達拉斯（Dallas）大都會區域：先前提到的阿靈頓棒球場是在二〇一六年投票決定、NFL達拉斯牛仔隊（Dallas Cowboys）在阿靈頓的體育場是在二〇〇四年，而國家冰上曲棍球聯盟達拉斯星辰隊（Dallas Stars）的場館則是在一九九八年。[17]在德州以外的區域，選民就是不想要為了職業球隊，而將納稅錢花費在昂貴的新場地上。

然而實際上，對汲汲營營的場館投資人而言，其實不一定需要獲得民眾同意。舉例來說，夏洛特黃蜂隊（Charlotte Hornets）的場館在公投中以五七％比四三％遭到駁回，但是城市委員會的成員仍舊通過另一個計畫，估計會花費超過兩億五千萬美元的政府預算。

政商關係良好的人會從納稅人背後下手，興建一座公眾出資的場館，另一個經典例子就是太陽信託公園（SunTrust Park），這是職棒大聯盟勇士隊自二〇一七年以來的主場。場館建設協議公開後，亞特蘭大茶黨（Atlanta Tea Party）與當地的塞拉俱樂部（Sierra Club）等團體聯合示威抗議，卻未能成功。[18]勇士隊總經理約翰．薛荷茲(John Schuerholz)在示威抗議後發表聲明，表示這個計畫會成功，就是因為「它沒有外流，如果這個消息走漏風聲，就不會成功。」

另一個可能導致政治人物努力爭取運動設施與賽事的非經濟原因，是不切實際的樂觀。勇士隊管理團隊和柯布郡（Cobb County）委員會（或是倫敦奧運、沙加緬度體育館，以及其他先前公費補助體育投資項目背後的承辦人），知道他們是想蒙騙市民嗎？或是他們說服自己，相信自己是在做對社區最好的事，並且必須默不作聲，避免讓短視近利的積極人士摧毀這麼傑出的想法。沒有人能真的知道，但是這也不重要，無論如何，自私與自欺欺人都同樣浪費。

公共設施涉及當地政客肥貓的利益

用「市民可能會從場館或活動中獲得充足的歡愉」這個想法來證明合理性，充其量大概是不可能的。因為如果這樣的話，城市是否會繼續競標申辦奧運，並且繼續興建麻木、無聊又所費不貲的場館？答案很簡單，如同決定大多數的公共政策，是否資助場館並非由市民決定，而是政治人物作主。

政治人物與選民對於場館協議的態度差異，彰顯更大的經濟議題，也就是「代理問題」。當一個人或一個群體有權利決定如何運用不是屬於自身的資源，而他們決定的資源運用方式會影響其他群體的福祉時，就會浮現代理問題。一個很好的例子是公司的執行長與董事會，他們的主要職責就是為股東增加公司的價值。儘管有著如此的職責，執行長仍總會參與興趣專案（Pet project），並且協商優渥的薪資條件；就如同執行長讓董事會成員同意用股東的錢來執行他們的計畫，球隊老闆也會讓政治人物掏出納稅人的錢。

代議民主在每個層級都會製造代理問題。花費納稅人的錢，理所當然有其必要：假使民選官員沒有主導程序的管理，社會將難以組織消防部門、分配福利或保育公有土地，但是執政者的動機與選民的動機不可能完美一致。

雖然選民幾乎從不認為，使用納稅錢資助球隊興建場館是一個好主意，但是他們選出的民意代表往往有不同的感受。如果一位政治人物認為他個人會從興建場館中獲得足夠的效用來彌補一切，那麼無論少數選民是基於多討厭這項場館協議而做出投票決定，該政客還是會選擇興建場館。

新場館帶給政治人物的個人效用，可能來自幾個不同的來源。舉例來說，不贊成增加醫院稅的選民，在看到市長為他們最愛球隊的閃亮新場館破土動工時，可能反而會較喜歡市長。或許瘋狂的球迷會根據這類活動做出投票決定，而大部分的選民雖然不想要一座新場館，但是對這樣的議題也不夠在乎到會成為他們投票的驅動因子；又或許政治人物本身就是球隊的球迷。想像你當選從小長大城市的市長，而你最愛的球隊開始抱怨老舊設施，並在大眾面前琢磨拉斯維加斯是否願意為球隊興建更新穎的場館，你可能會從選民的稅金裡籌措數億美元，提出就地在城市裡興建一座嶄新場館給這支球隊嗎？

俄亥俄州漢彌爾頓郡辛辛那提市的納稅人，就因為代理問題受到慘痛的教訓。一九九五年，NFL的辛辛那提猛虎隊（Cincinnati Bengals）開始讓大家知道，如果球隊沒有取得一座公費資助的新場館，就會買單程票搬到巴爾的摩。與此同時，職棒大聯盟的辛辛那提紅人隊也決定要求新主場，因為與「開發市中心」及其他熟悉的標語詞彙等相關原因，當地的政治人物開始和兩支球隊協商。

來自紅人隊、猛虎隊、辛辛那提市及漢彌爾頓郡的代表最終達成協議，將郡的消費稅提高〇．五％，以出資興建兩座新場館，成本共計五億美元。截至目前為止，情況還不算太糟：增加的稅收很少，球隊同意留在城市裡，許多人也開心。然而很快地，這兩座場館都明顯不會以原本預期的成本完工。光是猛虎隊的球場最終就花費將近五億美元，而紅人隊的球場也超出預算，這兩座場館的最終價格是七億九千兩百萬美元。《紐約時報》如此形容郡政府與猛虎隊之間的合約協議：

在二十六年的租約中，球隊僅需支付二〇〇九年的租金，而且只需要在比賽日時支付場館的營運費用，從二〇一七年開始，郡政府就會補助球隊這些費用。郡政府今年會支付八百五十萬美元維持場館運作。猛虎隊享有來自冠名權、廣告、票券、包廂及大部分停車場的收入。如果郡政府想要藉由在票券、小吃販賣部或停車場課稅來回收這些支出，需要經過球隊的同意。[19]

現在這項協議已經徹底失敗，你可能以為要為此事負責的人早已離開當地政府。其實在某種程度上來說，他們的確離開了：漢彌爾頓郡委員長鮑柏・貝丁豪斯（Bob Bedinghaus）是同意這項協議的郡委員會中最熱衷的成員，他在二〇〇〇年的選舉中被迫下台，但是他並未花費太多時間找工作：在嘗試重新參選失敗後，他馬上受僱為業務開發經理，僱用他的球隊不是其他隊伍，正是猛虎隊，他後來在球隊營運辦公室工作十八年。

申奧城市爆發競標醜聞

當利害夠高，掌握大權的決策者和他們代表的選民之間的不一致，就可能會讓「代理問題」一躍變成徹底的政治腐敗。[20]許多在美國的人們傾向認為，政治腐敗是在俄羅斯這類開發中國家，還有紐澤西州一些衛生設備的合約談判裡才會發生的事，但即使是有著無可挑剔名聲的鹽湖城也無從倖免。

一九九一年，在競標主辦一九九八年冬季奧運時，鹽湖城僅以四票之差輸給日本長野。支持鹽湖城申辦奧運的官方人士認為，之所以會落敗是因為他們沒有成功討好開發中國家的代表。在國際奧林匹克委員會（International Olympic Committee, IOC）推動全球化的努力下，這些開發中國家的代表是很重要的票倉。為了拿下二〇〇二年的奧運主辦權，支持鹽湖城申辦奧運的人款待非洲與拉丁美洲的國際奧林匹克委員會官方人員，讓他們享有全額贊助的猶他州之旅，協助他國孩童在美國的學費與實習機會，並且募捐活動款項。一九九五年國際奧林匹克委員會開會選擇主辦國時，鹽湖城在第一輪投票就以決定性的五十四票多數，勝過其他四個候選城市。

隨著鹽湖城選民極力奉承的努力細節浮上檯面，隨之而來的醜聞凸顯許多競標過程可預見的問題：最終決定是由一群對結果不怎麼感興趣的人作主。以奧運為例，主辦城市是由國際奧林匹克委員會票選決定，而該委員會是由來自世界各地的一百位，甚至更多的成員所組成。

理論上，國際奧林匹克委員會的成員應該都有共同的利益，要極大化奧運的整體品質，但是實務上許多成員可能只關心自己國家或自身的利益。畢竟，為什麼來自薩摩亞或蘇丹的代表，要在乎冬季奧運是在美國猶他州或瑞典舉辦？他們的國家又不會有人參加，也不太可能有其中一方會辦得比另外一方好上特別多。

鹽湖城申奧委員會的人主要做錯的事（除了可能犯下一、兩項聯邦罪外），就是參與一個有瑕疵誘因的體制。只有兩種方式可以贏得奧運主辦權：不是做出一份非常完美詳盡的企劃案，讓你的城市明顯是最佳主辦國選擇；就是你幫那些做決定的人搔搔背。前者的方式比較高尚，但是如果沒有也用一點後者的方法，一切根本免談。如果你認為鹽湖城贏得奧運主辦權的投標書，和其他頂尖的對手：瑞典厄斯特松德（Östersund）與瑞士錫永（Sion）的計畫有很大的差距，再想想吧！兩個城市都推出很強大的企劃案，之後就交給政治與運氣來解決剩下的問題。

在鹽湖城醜聞後，國際奧林匹克委員會更改規定，試圖打擊貪腐。例如，選擇場地的人不再能搭機到候選地點接受城市招待。為什麼北京會取得二〇二二年冬季奧運主辦權，而不是哈薩克阿拉木圖？其中一個論點認為，因為國際奧林匹克委員會的投票人無法前往哈薩克，因此只能藉由對這個國家不足的資訊與模糊的印象來做選擇。這個理論認為，國際奧林匹克委員會如此改變，可能降低貪腐的機會，但代價是導致主辦城市的選擇過於保守。

另一方面，假使委員們拜訪城市，根據納扎爾巴耶夫的名聲，擔心他可能會施展的說服技巧也有理可循。如果國際奧林匹克委員會沒有修改這項規定，或許一些哈薩克的石油收入，就會跑進國際奧林匹克委員會的官方人員與負責選拔者的銀行帳戶裡。無論如何，納扎爾巴耶夫沒有取得舉辦奧運的機會，也就表示如果你參加二〇二二年北京奧運，必須習慣人造雪，還得找其他理由拜訪哈薩克。

讓城市申辦奧運或建造體育場館越來越困難，因為選民開始意識到這些花費與成本，不斷制止興建大型新場館的舉動。以二〇二六年冬季奧運而言，儘管城市很早就有興趣申辦，但是這些由當地政治人物主導、想要自己與城市一同名留青史的投標案，都被加拿大卡加利（Calgary）、奧地利格拉茲（Graz）與瑞士錫永的選民否決了，其他城市也因為大眾壓力而退出競標。新冠肺炎（Covid-19）疫情肯定會讓克服人民的反對聲浪變得更加困難，東京被迫將二〇二二年奧運延期一年，並在沒有國際觀眾的狀況下舉辦比賽，而面臨巨大虧損；此外，城市也面臨場館在疫情期間閒置超過一年的龐大金錢損失（疫情致使沙加緬度動用緊急預備金來支付金州第一中心的債券）。與此同時，納扎爾巴耶夫正享受平靜的退休人生，而該國人民也很幸運他沒有留下一屁股的奧運帳單。

第九章

誰是運動博弈的真正贏家？

——分紅、賠率與資訊決定誰能賺錢

在NFL中排名一直吊車尾的克里夫蘭布朗隊（Cleveland Browns），在二〇二〇年賽季有不錯的開始，首六場比賽就贏得四場。但是在第七場比賽情況卻不那麼好，在比賽剩下一分多鐘，辛辛那提猛虎隊表現傑出的新人喬・巴羅（Joe Burrow）擲出一顆傳球達陣，讓他的隊伍來到三十四比三十一的領先。然而，布朗隊的四分衛新秀貝克・梅菲爾德（Baker Mayfield）用最後一分鐘完成四個直線傳球，帶領布朗隊推進七十五碼，最終以梅菲爾德當天的第五顆傳球達陣。最後十一秒，布朗隊領先三分，勝利幾乎就在手中。布朗隊的開球員科迪・帕基（Cody Parkey）上場，卻錯失讓球隊再添一分的機會。這個失分對比賽結果沒有影響，布朗隊依舊贏球，克里夫蘭球迷慶祝勝利。

但在距離位於辛辛那提的保羅布朗球場（Paul Brown Stadium）遙遠處，有一些人忽視布朗隊的勝利，而是專注在帕基似乎沒有意義的失分。大家期望布朗隊可以贏三・五分，而這個錯失的額外分數造成布朗隊讓分沒有過盤。在推特（Twitter）上有一些對布朗隊贏球較為激烈的反應，這些反應是來自下注布朗隊的人，他們因為帕基的失分而賭輸了。其中一個賭客在推特上寫道：「帕基……謝了啊！老兄，你失掉的那一分只讓我輸了幾千美元，小事一樁。」[1]當然，許多下注猛虎隊的人非常開心（雖然只有少數人勞師動眾地感謝帕基讓他們贏得賭注）。

如果帕基讓許多投注者不開心，他就是拉斯維加斯運動博弈業者眼中的天降及時雨，因為十月那天是整個賽季最糟的一天。和不被看好的隊伍相比，賭客有較高機率傾向選擇較受歡迎的隊伍，因此投注在布朗隊上的金額不成比例。布朗隊沒有成功讓分過盤，代表所有投注者的損失，但卻是拉斯維加斯運動博弈莊家的勝利。運動博弈業不太在乎任何比賽：它們預期的是每個星期日都在一些比賽中都輸掉一些錢，但在其他比賽上贏得足夠的錢。

然而，這個特別的星期天不太一樣。被認為最有希望獲勝的贏家：坦帕灣海盜隊（Tampa Bay Buccaneers）（有著他們自稱是「黃金男孩」的四分衛湯姆・布雷迪（Tom Brady）」、超級盃冠軍衛冕者酋長隊，以及洛杉磯閃電隊（Los Angeles Chargers），都在當天贏得比賽。投注單上只有當天熱門強隊的賭客大獲全勝；那些採用過關制（parlay）這種賭博策略，也就是把每一場賭博贏得的錢拿到下一場比賽，變成更大賭注下注的人，賺進一大桶金。根據其中一個莊家描述：「我們輸掉前五個決定中的四個，這大概就決定了我們的一天。」他表示自己的賭場有六位數的損失。就這麼一天，商家承擔巨大損失，而幾個幸運的傢伙坐在沙發或在酒吧裡，幾乎什麼事都沒做，就享受著他們人生中最豪奢的一天。[2]

思考一下，在足球場或籃球場上的一個人，在一個分秒中的錯誤決定或是小幸運，就可以深深影響數千英里外毫不相關的人的財務狀況，這是一件很弔詭的事，但這就是運動博弈的本質。唯一能和它差不多比擬的就是股市，但是至少股市無疑透過幫助企業融資，發揮寶貴的經濟功能。況且無論如何，很少有並非從事金融業的人會每週花費好幾個小時觀察股票漲跌。然而，運動賭徒做的事完全相同，而且如果他們無法在內華達州或其他賭博合法的城市這麼做，就會在線上從事非法操作。所有的賭博都是由經濟力量驅動，具有重大的經濟影響，引發道德議題，也使得許多消息靈通的團體能加以利用天真只想尋求刺激的人。其中有很多相關的利害關係。所以應該允許人們合法從事運動賭博嗎？答案顯然是肯定的「是」或「不是」。不過有一件事是確定的：只有能負擔損失時，你才應該賭博，因為機會並不是站在你這一邊。

為什麼人們要賭博？

幾乎每個休閒賭徒都會落入以下兩種分類之一：理性賭徒，這一類人無可避免地損失，會藉由賭博的刺激感來彌補；以及問題賭徒，這些人的損失會不斷增加，隨著他們日益加深的不良賭癮而堆積如山。這兩種類型的重大差異就是懊悔的程度：理性賭徒會感嘆他們的損失，但接受這是整體經驗的一部分；而非理性賭徒則無可避免會因為賭輸而感到驚訝，並懊悔先前的自己所做的選擇，讓後來的自己變成如此。

賭博要怎麼理性呢？簡單的答案是「效用」。如果有人在其中一支隊伍下注十美元後，會覺得觀看比賽更有趣，那麼即使他輸了賭注，這個賭注大概也值得。如同許多人會花十美元欣賞一部電影，為什麼那些人不能花十美元增加他們看籃球比賽的樂趣？他們原本也不在乎這些比賽。

理性愉悅賭博是超級盃時大筆金錢流入莊家的原因，超級盃是大多數美國人都覺得需要觀看的賽事，但要在意球賽本身可能很難。舉例來說，相對少數的美國人會對第五十四屆超級盃的參賽隊伍，舊金山四九人隊（San Francisco 49ers）或酋長隊抱持強烈的感受。[3]隨便一個奧克拉荷馬州的球迷，在家裡與朋友及家人觀看球賽時，如果在四九人隊投注幾美元，或是下注任一支在第三節開賽五分鐘內取得達陣得分的隊伍，可能看比賽時會更有樂趣。對那位球迷和做出相似賭注的其他數百萬人而言，那些錢產生足夠的附加樂趣，無論輸贏都值得一賭。這種現象導致許多超級盃主題投注，從哪支球隊贏得擲硬幣，到哪個顏色的能量飲料會被潑在贏家的球隊教練上，無所不賭。

朋友間娛樂休閒性質的賭博可以很有趣也收支平衡，不會損失太多，一個朋友贏得賭注，而另一個朋友則賭輸。但只要莊家介入，無論是在辦公室裡的人或有合法莊家的賭場，預期報酬就會變成負的。主要原因是莊家在每筆賭注都會「抽佣」（vig），因此如果你贏了，他們給你的報酬會少於原本的全額。例如，倘若你下注綠灣包裝工隊（Green Bay Packers）在某個星期日的比賽中讓分過盤，就必須接受在輸掉賭注時會損失十一美元，但是當包裝工隊達到讓分，而你贏得賭注時，就只能拿回十美元。莊家藉由收取這樣的手續費維持生意，如果在一場比賽裡的雙方有相同額度的賭注，莊家就會賺取贏得下注者所贏金額的一〇%。

如果一〇%的費用可以讓一般球迷更開心一點，就是值得的花費，而在許多情況下，賭博就是這樣運作的。在像超級盃或國家大學體育協會籃球錦標賽這類經典賽事中，下注是加強觀賽體驗的社交機會。此外，許多人享受投資在自身支持的球隊或選手身上。把如此想法發揮到極致的例子，最有名的就是高爾夫球選手羅瑞・麥克羅伊（Rory McIlroy）的父親，他在兒子身上投注兩百英鎊，賭兒子會在十年內贏得英國公開賽，在他下注時，麥克羅伊年僅十五歲，而他也在兒子拿下冠軍後贏得十萬英鎊。[4]麥克羅伊的父親可能認為他對兒子的能力有內線資訊，所以他的賭注是理性的，但他也很有可能只是認為押注自己家族的童話故事般場景會很有趣，雖然有一點浪費錢，但是數百英鎊絕對足以負擔。

莊家參與下注的影響

在一些博弈市場裡，博弈業者只收取手續費，雖然在那些案例中，手續費通常不只一

○%。在「按注分彩式投注」（pari-mutuel betting）制中，賠率是根據數學運算下注的比率而定。美國的賽馬及少數僅存的賽狗與壁網球（Jai Alai）場地，大多採用按注分彩式投注制。對於任何一種形式的賭注〔例如在賽馬裡，賭特定馬匹拿第一（win）、賭特定馬匹拿前兩名（place）、賭特定馬匹拿前三名（show），或是按照確切順序預測前三名馬匹的三連勝式（trifecta）〕，所有該形式的賭金都會放到總投注額的彩池裡，在莊家分紅後，彩池裡的錢就會依比例分給賭贏的人。在按注分彩式投注制中，下注的人直到賽事真正開始後才會知道賠率，因為額外的賭注會影響彩池的大小。每次只要有人在不是你選擇的馬匹上下注，如果你賭的馬贏了，就可以拿到更高的獎金分紅；但是如果每次有人也同樣在你賭的馬匹上下注，你贏的錢就會變少。莊家沒有任何風險，而且分紅可以相當高。肯德基大賽（Kentucky Derby）的主場邱吉爾賽馬場（Churchill Downs）每次都拿總賭注獎金池裡大約二○%的金額，紐約州的賽馬場也一樣。[5]

你可能認為在賭場裡的莊家下注，你可以拿到較好的報酬，因為賭場只收取一○%的佣金。但是有別於賽馬場，賭場及其他博弈業者並不會單純地平衡賭注，因此會直接把從輸家拿到的錢支付給贏家（扣除他們的分紅）。他們設置賭博市場，所以自己實際上也會下注。

如果莊家下注只是導致多一個下注的人，這樣的方式不一定會傷害到你，但是莊家擁有太多你缺乏的較好資訊，就像在股市，較好的資訊在賭注市場中也價值千金。你可能有辦法想出一個精密系統，打賭這個週末的NFL球賽，或是認為你知道紅人隊先發投手看起來好像手臂軟弱，但是莊家擁有大量數據，知道誰會下賭注與獲得的報酬會有多好。莊家知道什麼是人們通常會高估的事物，例如受歡迎和大城市球隊。如果一些事情的發展不如預期，博弈業者的確有時候會輸掉賭注，就像布朗隊失去額外那一分的那天。但是長遠來看，博弈業者在大多數的賭注中都選擇正確。

直到近期為止，在主要職業運動項目上下注，有點像是在禁酒時期（Prohibition）喝酒：基本上是違法的活動，但是人們找到鑽漏洞的方法。當地莊家通常是可疑的人，自行經營賭博事業。如果莊家沒有接電話，你可能多多少少不怎麼走運（雖然這樣其實比較好，因為你非常可能賭輸）。但是時至今日，運動博弈業很龐大，而且日漸茁壯，也非常複雜。

運動博弈業為何快速擴張？

這個產業的蓬勃發展有兩個原因，其中一個原因從法律觀點來看有點風險，而另一個原因則完全合法（雖然以公共政策而言有所疑慮）。首先，如同票券的二手市場，賭博也是因為網路成長而發生突破性變革。線上國際運動博弈業者，如Bovada、Sportsbetting.ag及5Dimes主導整個產業。這些網站藉由在海外設立官方總部（加勒比海與中美洲是受歡迎的地點），規避美國對於運動博弈的限制，也可以建立客戶對其合法性的信任，這是電話博弈業者永遠無法達成的。點擊幾下，輸入一些信用卡資訊（或者現在可能是存入一些虛擬貨幣），然後你就已經註冊帳號，可以隨心所欲地下注，知道網站會在任何你選擇的時間內，兌現你贏得的獎金。問題是，如果你在少數的幸運日後，繼續長期投注，可能就不會有贏得的賭注獎金可以讓你領取。

第二個運動博弈業快速成長的原因是，對市政府而言，這是輕鬆的營收來源。過去數十年來，州政府的預算越來越仰賴合法賭博，合法博弈的形式通常是，在底特律或紐奧良等城市裡新設賭場的吃角子老虎機或二十一點賭桌、在流經全美的河船上及樂透。但在一九九二年，時任紐澤西州參議員的前NBA球星比爾．布萊德利（Bill Bradley）推動以其命名的《布萊德利法案》（Bradley Act）。該法案多年來阻止任何合法運動博弈業大舉拓展，將運動博弈限制在內華達州的賭場，以及奧勒岡州、德拉瓦州與蒙大拿州州政府資助的樂透，而在這些區域裡，樂透贏家和比賽結果息息相關。然而，《布萊德利法案》在二〇一八年被美國最高法院宣告違憲後，立刻引起運動博弈業在紐澤西州及德拉瓦州的賭場快速擴張；並在二〇二〇年選舉中，公投成功讓馬里蘭州、南達科他州及路易斯安那州的運動博弈業合法化。

拉斯維加斯的賭場及線上運動博弈，提供許多形式的賭注。例如，兩支球隊之間的球賽可以賭獨贏盤（不讓分）或讓分盤。如果你想打賭，假設一場NFL西雅圖海鷹隊（Seattle Seahawks）迎戰明尼蘇達維京人隊（Minnesota Vikings）的比賽，而海鷹隊稍占優勢，是熱門隊伍，就可以選擇盤口為負一百三十的獨贏盤，在海鷹隊上下注，表示純粹賭海鷹隊會贏得比賽，但是必須投注一．三美元才能獲利一美元；或者可以賭海鷹隊讓二．五分，表示你賭海鷹隊會贏超過二・五分；如果無法決定喜歡哪支隊伍，你可以賭「大分」（或「小分」），就會在兩隊得分總和超過（或低於）一些數字時獲利。

莊家就像股票經紀人，讓賭注變成市場。「賠率」（在這個情境下為「讓分」）是彈性反映下注者的需求，以及獲得球賽新資訊的可能性。假使海鷹隊是讓二・五分的熱門隊伍，當莊家開始接受海鷹隊迎戰維京人隊的投注時，發現在顧客群裡的投注比例是每五美元下注在維京人隊，就會有一美元下注在海鷹隊，賠率就會順勢移動以矯正這個差異，海鷹隊讓分可能會下滑到一・五分。然而，與按注分彩式投注制不同，那些在賠率是二・五分時下注者獲得的錢，會根據先決定的賠率（而不是比賽開始時的一・五分賠率）獲利。假使莊家得知海鷹隊先發四分衛羅素・威爾遜（Russell Wilson）不會出場比賽，賠率可能也會變動，這些資訊是莊家最有可能比大部分賭客先收到的資訊。如此的調整會不斷變動，直到莊家認為有信心承擔每一邊的風險為止。

為什麼莊家要選邊站，而不是平衡賭注，然後拿取保證的一〇%分紅？接受所有賭注讓莊家擁有可以利用資訊的優勢，就如同股票交易員有聯繫公司執行長的專線。賭場會從數學模型中取得讓分預測，這個計算考量過去的行為，並且可以大致預期哪支隊伍會較受賭客歡迎，之後手動調整到較能吸引更多賭金的隊伍上。運動博弈業者請來設定賠率的人，是世界上擁有最多資訊也最進階的賭徒。少數人可以不斷比莊家更先想到下一步（而大多數聲稱能這麼做的人，其實是在欺騙你或自己），換句話說，除了最厲害的賭徒外，其他人長期都會輸。

賭場上總有比你更聰明的人

截至目前為止，我們討論了你會賭輸的兩個原因：莊家拿分紅；以及莊家並未設定公平的賠率，因為莊家手中有比你更好的資訊。現在，我們來加上第三個原因。

不只是莊家比你知道的更多，頂尖賭徒更是如此。頂尖賭徒不多，但是他們在博弈市場中移走許多錢。

一位很重要的賭徒是加州大學柏克萊分校（University of California, Berkeley）輟學生，名叫鮑柏．史托爾（Bob Stoll），他以職業藝名鮑柏博士（Dr. Bob）聞名，在博弈產業擁有極大影響力。鮑柏博士的客戶訂閱他的電子郵件服務，每週會收到特別推薦的足球投注精選。根據《華爾街日報》（*Wall Street Journal*）指出，這些客戶每週在一些奇怪冷門的大學比賽裡下注數百萬美元時，讓運動博弈業者陷入恐慌。[6]在鮑柏博士預測表現最好的賽季中，國家大學體育協會足球投注精選達到不可思議的七一%；即便是以運動博弈維生的人都很少達到五五%或五六%。從一九九九年到二〇〇六年，八個大學足球賽季中，鮑柏博士在四個賽季裡的投注精選命中超過六〇%，而且在這些賽季裡，只有一個賽季是他的投注精選未能獲利的。[7]

運動博弈業者討厭鮑柏博士，因為他比運動博弈業者有更好的資訊，收割了運動博弈業者的付出。不過其他的賭徒（除了那些訂閱鮑柏博士服務的人以外），應該也會討厭鮑柏博士，因為鮑柏博士和其他休閒賭徒是在同一個市場，但他拿走他們的錢，賭場擔任中間人。鮑柏博士就是國家大學體育協會賭注中的比恩（如《魔球》（*Moneyball*）書籍與電影裡的情況），他比競爭對手更擅長分析情況，而且有能力運用賭場及其他賭徒而占盡優勢。

就如同其他隊伍追趕上比恩的運動家隊，現在也擁有和他相同的分析能力一樣，賭場也跟上鮑柏博士的腳步，僱用更多的分析師與使用更多運算能力，讓賠率設定系統可以與之匹敵。自從二〇〇六年賽季結束後，鮑柏博士在大學足球比賽裡的投注精選雖然有不錯的成功率，但是結果已不再遙遙領先其他競爭者。在他光輝的八年中，總共有二一二．三顆「淨星」（net star，他自己開發用來評估自身的單位）；接下來七年，從二〇〇七年到二〇一三年，他只多了一三．八顆淨星，這代表他每一季從二六．五四顆淨星下滑到一．九七顆淨星。他表現第五好的賽季是一九九九年到二〇〇六年，比起其他幾年的表現有更多獲利。

無論是哪一種先進的模型讓鮑柏博士如此成功，這些模型最終都被莊家的數學家複製。賠率精算師能將鮑柏博士的客戶納入他們對投注內容的預測中，看他們會下的賭注。鮑柏博士在網站上發表他的方法，其實是非比尋常的前衛做法（雖然可能不如比恩來得前衛，畢竟他在書籍與電影裡公開機密）。鮑柏博士失去具有更好資訊的優勢，而賭場變得擁有更多的資訊，也提升它們的優勢，勝過一般賭客。

整體而言，有更多資訊的賭徒（尤其是鮑柏博士）越來越不成問題，因為博弈市場越來越大，而且越來越複雜。許多金錢流入這個市場，以至於就像股市一樣，運彩博弈市場吸引非常老練的人，使用分析數據找出機會來利用，即便機會非常渺茫。反而是莊家投入更多的資源，緊追著這些有經驗、善於博弈的人。儘管這些像鮑柏博士一樣的「運彩報馬仔」不時就會成為熱門，但要勝過莊家這麼多或像鮑柏博士一樣紅這麼久卻非常少見。鮑柏博士說道：「幾年前，這些技巧性東西真的有用，賠率現在越來越精細了。」但是不用擔心鮑柏博士，他在網站與文章中公開自己的預測熱門，而他主要的收入也是來自文章及網站的訂閱數。

如果所有方式都失敗，就作弊吧！

鮑柏博士和莊家讓你要賺錢很困難，因為他們知道更多資訊，而且以莊家的情況來看，甚至還會拿走一些錢。不過，還有另外一群人是真的在偷你的錢。任何看過《夢幻成真》（*Field of Dreams*）或《岸上風雲》（*On the Waterfront*）的人都知道，運動博弈市場可以被操縱。當市場被操縱時，如果莊家妥善管理賠率，輸家並非莊家，而是不知道發生什麼事、沒有資訊就下注的人，也就是你和我。

君子風度的網球俱樂部，近年來一直是打假球的中心。幾乎每天，世界各地的職業賽事都會讓優秀卻不知名的選手對打，這些沒沒無聞選手的世界排名大概是在前幾百或幾千名。博弈網站會接受對這些比賽的下注，有時候並不只是單純打賭誰會贏得比賽，而是更精細。例如在二〇一六年，澳洲網球選手奧利佛．安德森（Oliver Anderson）的世界排名升到第六百三十九名，這是他最好的名次。那年十月，安德森與同鄉的澳洲選手，排名第一千六百三十四名的哈里森．隆貝（Harrison Lombe）對戰，並且預期他並不會在這場比賽上花費太多時間。賽前，澳洲博弈網站CrownBet開放下注隆貝會贏得第一盤。然而，這個網站拒絕接受一萬澳幣的賭注，因為這太可疑了，不過卻接受兩千澳幣。[8]安德森當時是澳洲公開賽青少年組冠軍，第一盤以四比六落敗，但是隨後以六比零、六比二橫掃，逆轉贏得比賽。安德森之後承認是因為接受金錢交易，而故意輸掉第一盤。青少年組的醜聞引發兩個問題：第一個簡單的問題是，為什麼安德森會接受這樣的交易？他的誘因其實很強烈，當時他因為打假球而遭到禁賽，累積的職涯獎金大約是兩萬美元。這根本不足以支付他身為職業選手巡迴比賽的花費，更不足以維生，當然不可能會有如同羅傑．費德勒（Roger Federer）般的豪奢生活，但是對於世界排名在前一百名外的職業網球選手來說，這是很典型的情況。當金錢可以帶來不錯的飯店房間或一頓美食，或甚至只是在巡迴比賽時一邊維持溫飽，一邊希望可以有所突破，那麼不時在這裡賺幾百美元、那裡賺一千美元，而輸掉一盤（或甚至是一場比賽），可能會是很大的誘惑。

球員願意打假球的動機

比較困難的問題是，究竟為什麼CrownBet要接受誰會贏得第一盤的下注？畢竟這場比賽除了選手和他們的母親外，根本沒有人在乎。假使他們**沒有**打假球，誰會在這種比賽下注？沒有人在乎是安德森或隆貝獲勝。這場比賽對普通投注者（也就是那些沒有內線資訊作弊的人）來說，擁有所有糟糕市場的特徵。由於在賭金彩池裡的資金不多，因此選手很容易受到財務誘因影響，導致他們很脆弱，願意故意輸掉一場比賽，而且要故意輸掉一盤其實很簡單。溫布頓網球錦標賽決賽（或是任何有大量高額獎金的巡迴賽），就不太可能會讓沒有資訊的賭客處於極大的不利境地，因為選手如果被抓到故意輸球，會損失比賽獎金和代言費，損失太大了。CrownBet 必須以較大的抽佣來設定賠率（也就是說，它預期可以拿到非常高的分紅），否則公司就永遠無法藉由容易打假球的比賽來設置市場賺取利潤。

比最低分級的職業網球賽還要大上許多的市場是大學籃球賽。人們除了在拉斯維加斯或其他合法賭場投注大筆金額外，也向非法的莊家下注賭國家大學體育協會的比賽。對教練與球員而言，贏得比賽對他們的未來會有很大影響，因此故意輸掉比賽的成本極高，但是或許聰明的球員可以懂得如何同時贏得比賽與賭局。

大學籃球可能是很容易打假球的運動：球員很年輕、容易受影響，而且通常來自窮困的家庭背景；在球隊中占有一席之地，可能是一些球員擁有最能有談判機會的地位；而且只需要收買一、兩名球員就可以大幅掌控結果。此外，如同網球選手故意輸掉一盤比賽，但贏得整場比賽一樣，籃球選手在非常被看好獲勝的球隊裡，也可以輸掉讓分，但贏得比賽，這種做法稱為「操控比分」（point shaving）。例如，試想密西根大學（University of

Michigan）被看好可以贏賓漢頓大學（Binghamton University）三十三分（這是最近真實的比分）。密西根大學可以輕而易舉地贏二十分，而那些知道比賽做假的人就可以打賭密西根大學不會讓分過盤。

經濟學家沃爾菲斯分析超過四萬四千場國家大學體育協會比賽的結果後，結論是操控比分非常普遍。雖然之後的研究對他研究結果裡的細節提出質疑，但在大學籃球中，打假球已有多年歷史，因為年輕、沒薪資的運動員想要利用可能是他們可以賺錢的最好機會，賺取一點現金。舉例來說，一九九七年，亞利桑那州大學（Arizona State University）後衛史蒂芬・史密斯（Steven Smith），在最後入獄前，頗為成功地在幾場比賽中採用「贏球但不達到比分差」的策略。[9]

歸根究柢，在許多運動賽事裡，真正在比賽的人擁有比你手上更好的資訊。至少在幾場比賽中，那個人可能會運用那些資訊把籌碼押在自己身上（如同知名的職棒大聯盟球員彼得・羅斯〔Pete Rose〕就這麼做），或是操控比賽結果。不過無論如何，「善於賭博的人」（也就是那些知道比賽如何被操控的人）會勝過一般賭客，所以在你下注的比賽開始前，可能就已經損失一些錢。

運動博弈應該合法化嗎？

如果你的目標是為了賺錢，參與運動博弈就是愚蠢之人的徒勞無功。你可能不時會有不錯的幸運日，但最後還是會輸。莊家拿分紅，博弈市場中的其他人擁有比你更好的資訊，而且有些人在作弊。投注得到的財務報酬爛到讓有些人可能會認為，所有運動博弈都應該不合法，因為這只是一些商家想從天真球迷手上拿走錢的手段。

但是我們先放慢腳步，一步步討論禁止運動博弈。其中一個論點是，賭博降低生產力。人們會在工作時花時間賭博，國家大學體育協會的瘋狂三月（March Madness）與超級盃的獎金池，通常都是特定的分心事物。其中一項調查顯示，瘋狂三月的賽程在「科技相關的辦公室分心事物」中排名第三（僅次於臉書（Facebook）與簡訊）；另一項研究的作者預估，瘋狂三月每年降低美國六十三億美元的生產力。這個論點可能不是非常清楚，因為其他研究顯示，瘋狂三月的活動會提高辦公室士氣。[10]浪費時間是一個擔憂的點，但還不足以要求政策介入。

另一個論點則是，基於所有我先前提出的原因，賭博並不公平。擁有更多資訊的賭客從較沒有資訊的賭客身上拿走錢財，無論合法或違法都是如此。這在股市也是事實，而沒有人（好吧！少數人）會禁止股市。有些投資股市的人有更好的資訊，因為他們做更多的研究；其他則是有內部消息，雖然在技術上來說是非法使用。然而，有別於運動博弈市場，股市是很重要的金融工具，讓公司可以籌措資金並創造誘因，讓執行長可以妥善管理公司。股市不公平也製造問題，因此需要法規（可以說要有比目前更多的法規），但是股市有其意義：讓整體經濟更有效地運作。

運動博弈並未提供如此社會層面的優點，或者其實有？別忘了賭博讓人們樂在其中。只要賭徒合理地理解資訊，知道他們在博弈市場中面臨的劣勢，就沒有理由禁止他們將錢花在賭博上，好比社會讓人們將錢花在服飾、家具或是所有運動相關事物上。

的確，如果所有賭客都只是玩樂性質，也可以負擔下注的金額，答案就會非常簡單：運動博弈應該合法，而市場可以決定每場比賽的賠率。但是禁止運動博弈的最佳論點，集中在一小部分的人身上：賭博成癮者。

對賭博上癮會摧毀生活，沒有其他的解決方法。很難找到相關的統計數字來證明，但有許多與賭博相關的自殺事件。[11]大多數的預估是，有病態賭博問題的人占整體西方國家人口的〇．五％到一％，雖然許多人上癮的並非運動相關的博弈，但幾乎所有問題賭徒都是男性。

從政策的觀點來看，決定是否讓運動博弈合法化應該相對簡單。社會只需決定有賭博問題的人口及其家庭造成的龐大成本，是否超過絕大多數負責任賭徒從賭博中獲得的好處。雖然大概可以想像在這樣的基準下會禁止運動博弈，但是如果考慮到許多問題賭徒即使在博弈不合法時依然會賭博，這樣的做法就有點不切實際，甚至可能還會造成結果更惡化，因為問題賭徒可能不是積欠賭場錢，而是積欠不正當的非法莊家錢，或是他們可能會乾脆待在家裡，然後在網路上非法賭博。更容易賭博會增加問題賭徒的數量，卻不見得會增加許多。舉例而言，研究顯示居住在賭場附近的人較有可能成為問題賭徒，但是影響並不大，而且很有可能是一開始就選擇住在賭場旁的人，較容易有賭博成癮問題。[12]

或許禁止運動（或其他性質）博弈的最佳論點，是從歷史上禁酒令的案例來看。一九二〇年到一九三三年，禁酒令禁止美國的酒類銷售。雖然減少整體消費的酒量，但禁酒令也導致昂貴又不穩定的犯罪因素掌控酒類製造與批發。甚至大幅減少酒類消費的人，是那些休閒或社交時才喝酒的人，對那些人而言，喝酒並不會造成極大的問題。有酒癮的人會找到方法來喝酒，通常會因為喝了未受規範的酒而生病。以同樣的邏輯推論，即便博弈不合法，有嚴重賭癮的人還是很可能會賭博。禁止賭博影響最大的是休閒賭徒，對他們而言，賭博的好處相對高（或是成本很低），也不見得能阻止那些上癮賭徒，因為他們還是會想辦法找到莊家和其他聲名狼藉的投注管道。

總而言之，我不認為有任何可靠的理由要禁止運動博弈，但我們是否可以讓合法的運動博弈不那麼具有破壞性？可能不會有太大的差異，但是看起來似乎至少堅持所有與賭博相關的廣告應該實際一點，贏家與輸家在廣告上呈現的比例應該適當。賭場和賽馬場的廣告總是展現人們贏錢的慶祝喜悅，但大多數人是輸掉賭注的。因此我們可能從一個規則中獲益：如果你要展現贏得賭注而慶祝的人群，也必須展現更多失望回家的人。

新加坡不是以進步的社會政策聞名，而是採用一種創新方式來阻止無法負擔的人們賭博。新加坡的賭場歡迎任何外國成人進入，向要賭博的外國人收費是不合邏輯的，畢竟他們可以選擇其他地點。但是居民一天就必須支付一百五十新加坡幣（約一百一十美元）才能進入賭場，或支付三千新加坡幣辦年票。[13]這項制度創造很棒的政府收入來源，也說服沒錢的人不要賭博。然而，新加坡卻未能讓這個政策的優勢有效發揮，因為居民還是可以使用兩個線上博弈平台，而不用支付最低費用（也讓人懷疑新加坡是否對窮人賭博沒有意見，只是不希望他們在觀光客面前賭博）。[14]無論如何，人民必須支付一定的費用才能獲准賭博，是降低衝動與隨性賭博的潛在有效方法，儘管無助於阻止有錢支付入場費的上癮賭徒。

運動博弈崛起的一個樂觀想法是，這是整體財富增加的跡象。大多數運動賭注都只是在休閒活動上的花費，例如購買電影票券或到餐廳吃飯。這些花費隨著社會變得富有而化為可能。當大多數人擔心生存時，就不會有人花錢在賭博或其他休息娛樂上（雖然再次要謹記在心的，還是有成癮的問題賭徒）。因此即使是單純的運動迷可能喜歡沒有賭注的比賽，運動賭注還是可能會繼續存在，而即使社會上有許多有用的方法讓人們花錢，那些花錢享受的人也沒有錯。

結語 懂體育，也要懂得解讀市場

有時候體育與經濟學的連結很直截了當，但總是在事實發生之後。超過一個世紀以來，皇家馬德里（Real Madrid）足球俱樂部無論是經濟能力或足球實力，都是世界之首。二〇〇〇年，弗洛倫蒂諾．佩瑞茲（Florentino Perez）接任主席，同時繼續經營西班牙最大的建設公司。富裕的他看到一個方式，可以讓足球俱樂部更加卓越。美國NBA或職棒大聯盟等，球隊數量固定，規模相對較小，只有球隊彼此相互對戰。這些頂尖聯盟擁有許多的電視播出時間與球迷的關注，帶來的營收讓其他聯賽相形見絀。另一方面，歐洲足球是由數百支球隊組成的聯盟，組織較為鬆散，明星球員較平均分散在各隊。佩瑞茲便帶頭促成「超級聯賽」（Super League），如果他可以匯集歐洲最強的隊伍加入聯賽，就可以高價賣出轉播權。藉著效仿美國體育聯盟，超級聯賽可以獲得最多的球迷關注、轉播時間及營收；也一定會聚集最優秀的球員，並自行維持主導地位。

商業模式很簡單：把最好的球隊聚集在一起，定期舉辦比賽。最頂尖的球員會更常對戰，而較少與缺乏預算的地方球隊對戰，促使球迷付最多錢去觀看。的確，假使球隊老闆從零開始建立歐洲職業足球，超級聯賽大概會相當成功。

二〇二一年春天，皇家馬德里和其他十一支頂尖歐洲球隊組成超級聯賽，但佩瑞茲和聯盟其他支持者了解合約與商機，卻不了解經濟學。他們忽略傳統的經濟價值，也低估地方球迷、政治人物及其他人潛在的反對聲浪，他們認為自己最愛的球隊不再有最棒的比賽，還會被超級聯賽的光芒蓋過。許多政治人物譴責超級聯賽，包含英國首相鮑里斯・強生（Boris Johnson）。這樣的結果完全可以預期，雖然聯盟對於幾支頂尖球隊的選手和球隊老闆來說很棒，但是絕大多數的人會變得更窮，而且大部分的球迷會較不開心，而強生及其政黨仰賴整個人口的選票。消息公布的兩天內，由於球迷怒火延燒，超級聯賽垮台。佩瑞茲及其同僚錯誤解讀市場，而市場幾乎總是贏家。

注釋

前言

1. Aaron Dodson, "On This Day in NBA Finals History: Steve Kerr's 17-Foot Jumper Clinches Bulls' 1997 Title," *The Undefeated*, June 13, 2017.
2. "CERA: The New EPO Discovered at the Tour de France," *Cycling Weekly*, July 17, 2008; "Rashid Ramzi Stripped of Beijing Olympic 1500m Gold After Failing Dope Test," *The Telegraph*, November 18, 2009.
3. "Lee6 Wins U.S. Women's Open, Pockets $1M," Associated Press, June 2, 2019.

第一章　我該不該讓孩子成為運動員？

1. Bradley T. Ewing, "The Labor Market Effects of High School Sports Participation: Evidence from Wage and Fringe Benefit Differentials," *Journal of Sports Economics* 8 (2007): 255–265.
2. Michael Lechner, "Long-Run Labour Market and Health Effects of Individual Sports Activities," *Journal of*

Health Economics 28 (2009): 839-854.

3. Michael B. Ransom and Tyler Ransom, "Do High School Sports Build or Reveal Character? Bounding Causal Estimates of Sports Participation," *Economics of Education Review* 64 (2018): 75-89.
4. Natural Resources Defense Council, www.nrdc.org, December 31, 2015.
5. Edward B. Fiske, "Gaining Admission: Athletes Win Preference," *New York Times*, January 7, 2001.
6. Thomas J. Espenshade, Chang Y. Chung, and Joan L. Walling, "Admission Preferences for Minority Students, Athletes, and Legacies at Elite Universities," *Social Science Quarterly* 85 (December 2004).
7. 公開聲明：我是明德學院的畢業生，但是許多大學排名認為明德學院比另外這兩所學校優秀。
8. 我只有考量合法的體育獎學金，並不是二〇〇九年「美國大學舞弊風暴」（Varsity Blues）招生賄賂醜聞中的史丹佛大學帆船教練，或是其他曝光的醜聞對象發放的體育獎學金。
9. "Average per Athlete 2020," www.scholarshipstats.com/average-per-athlete.html; "Athletic Scholarships: Everything You Need to Know," www.ncsasports.org/recruiting/how-to-get-recruited/scholarship-facts; "Scholarships," www.ncaa.org/student-athletes/future/scholarships; Hanna Muniz, "How Many College Students Are in the U.S.?" www.bestcolleges.com/blog/how-many-college-students-in-the-us/. 一%是根據兩千萬大學學生中的二十萬人計算得出。所有網站資料皆於二〇二二年四月二十三日取得。
10. Bryce Druzin, "The Cardinal Connection: Why Joining Stanford's Football Team Is a Great Career Move," *San Jose Business Journal*, August 11, 2014; Paul Wachter, "Wall Street's Lacrosse Mafia," *Bloomberg Business*, March 22, 2012.
11. David Card, "Using Geographic Variation in College Proximity to Estimate the Return to Schooling,"

Working Paper, National Bureau of Economic Research, 1993; Orley Ashenfelter and Alan Krueger, "Estimates of the Economic Return to Schooling from a New Sample of Twins," *American Economic Review* 84 (1994): 1157–1173; Joshua D. Angrist and Alan B. Krueger, "Does Compulsory School Attendance Affect Schooling and Earnings?" *Quarterly Journal of Economics* 106 (1991): 979–1014.

12. "Kevin Durant Biography Facts, Childhood and Personal Life," storytell.com, accessed June 6, 2021; Sam Anderson, "Kevin Durant and (Possibly) the Best Basketball Team of All Time," *New York Times Magazine*, June 2, 2021.

13. 要注意的重點是，統計數字專注在杜蘭特的種族並不理想，因為其他（可能更重要的）因子與種族相關，也限制和杜蘭特有同樣背景的人。例如，單親媽媽與家境貧窮的因素可能比種族因素更重要。我使用種族這個因素是因為數據可靠且令人信服，但請留意，除去種族因素，個別狀況才應該主導整個計算，決定是否該在年輕時發展體育。

14. 非裔美國人薪資與就業資訊，來自美國勞工統計局（Bureau of Labor Statistics, BLS）的季度資料。最新資訊請至 www.bls.gov/news.release/pdf/wkyeng.pdf; Raj Chetty, Nathaniel Hendren, Maggie R. Jones, and Sonya R. Porter, "Race and Economic Opportunity in the United States: An Intergenerational Perspective," *Quarterly Journal of Economics* 135 (2020): 711–1014.

15. David Wharton, "Sweet Youth," *Los Angeles Times*, March 18, 2007.

16. Charles Nuamah, "Tall NBA Players Who Had Relatively Short Parents," howtheyplay.com, accessed June 6, 2021.

17. 該計算是根據 Tall.Life 身高計算機，https://tall.life/height-percentile-calculator-age-country，網站資料於二〇二一年四月二十三日取得。

18. Jonny Hughes, "Top 15 Little-Known Facts About Kevin Durant," *TheSportster*, December 24, 2014. 那一年

的NBA選秀狀元格雷格・歐登（Greg Oden）非常可惜，因為舊傷不斷復發，他從未在NBA場上打滿足夠的時間。但是所有杜蘭特的計算結果也適用於歐登身上，他同樣出生在一九八八年，也因為NBA的保障合約賺進百萬美元薪資，儘管無法上場打球。

19. 我從美國人口普查局的美國社區調查（American Community Survey）中採取代表性樣本，單看出生在一九八八年黑人男性的收入統計。社會學家、聯邦政府及當地政府都廣泛使用這項大型調查，來分配每年數十億美元的資金。

20. Emmanuel Saez and Gabriel Zucman, "Wealth Inequality in the United States Since 1913: Evidence from Capitalized Income Tax Data," *Quarterly Journal of Economics* 131, no. 2 (2016).

21. 男性通常在相對年輕的年紀就賺取高額收入的另外兩個職業是：擔任演員與從事音樂表演，我並未在這兩個領域中找到任何出生於一九八八年又有八位數收入的人，在其他職業裡也沒有發現。

22. Chris Palmer, "From the Bottom to the Top: The Russell Westbrook Story," *Bleacher Report*, November 12, 2015.

23. Seth Stephens-Davidowitz, "In the N.B.A., Zip Code Matters," *New York Times*, November 2, 2013.

24. Brook Larmer, "Golf in China Is Younger Than Tiger Woods, but Growing Up Fast," *New York Times*, July 11, 2013.

第二章　為什麼捷克如此擅長女子網球？

1. 這個計算是根據 www.medalspercapita.com/ 於二〇一八年三月二十日的獎牌統計數與人口數。

2. 這些體育項目如下：高山滑雪（所有項目綜合排名）、射箭、羽球、保齡球、高爾夫球、柔道（每個性別的最重量級）、輕艇競速（愛斯基摩式艇一千公尺）、馬拉松、現代五項、北歐（越野）滑雪、短道競速滑冰（一千五百公尺）、俯臥式雪橇、游泳（四百公尺個人混合式）、桌球、網球及彈翻床。排名資料是在二〇一五年下半年擷取。

3. Matthew Futterman and Kevin Helliker, "The Mystery of Norway," *Wall Street Journal*, February 24, 2010.
4. "Joy of Sport—for All: Sport Policy Document, 2011-2015," Norges Idrettsforbund, 2015, www.sportanddev.org/sites/default/files/downloads/sportpolicydocument2011_2015_1.pdf.
5. 挪威奧林匹克暨帕拉林匹克委員會和體育同盟（Norwegian Olympic and Paralympic Committee and Confederation of Sports, NIF），www.idrettsforbundet.no/english/。
6. Elsa Kristiansen and Barrie Houlihan, "Developing Young Athletes: The Role of Private Sport Schools in the Norwegian Sport System," *International Review of the Sociology of Sport* 52 (2017): 447–469.
7. 馬拉松排名取自 www.all-athletics.com，現已無法取得。
8. PAPI 用來計算每個國家在一個體育項目的數據，而賀芬達指數與 PAPI 不同，是用來計算前二十五名這個群體的集中度。
9. Gregory Warner, "How One Kenyan Tribe Produces the World's Best Runners," National Public Radio, November 1, 2013.
10. Jackie Dikos, "The Simple Staple," *Runner's World*, June 28, 2012; Warner, "How One Kenyan Tribe"; Max Fisher, "Why Kenyans Make Such Great Runners: A Story of Genes and Cultures," *The Atlantic*, April 17, 2012; Brendan Koerner, "Why Are Kenyans Fast Runners?" Slate.com, 2003.
11. Warner, "How One Kenyan Tribe."
12. Adharanand Finn, "Kenya's Marathon Men," *The Guardian*, April 8, 2012.

13. "Czechoslovakia Strives to Maintain Tennis Tradition," AP Story, December 21, 1985.
14. Sarah Pileggi, "Fanatics and Fools," *Sports Illustrated*, January 12, 1981.
15. John Branch, "Czech Women Continue Wimbledon Onslaught," *New York Times*, June 30, 2014.
16. "Czechoslovakia Strives to Maintain Tennis Tradition," AP Story, December 21, 1985.
17. Pileggi, "Fanatics and Fools."
18. Petra Kvitova's bio, http://petrakvitova.net/petra/, accessed May 24, 2019.
19. "Petra Kvitova: Martina Navratilova," Tennis.com, December 2, 2015, www.tennis.com/pro-game/2015/12/petra-kvitova-martina-navratilova/56930.
20. 這項特定的調查採樣十一個國家，包含香港、德國、義大利、比利時及葡萄牙。
21. OECD有三十四個會員國，包含大部分的西歐國家，加上其他世界上大部分的已開發國家。
22. *The Global Gender Gap Report*, World Economic Forum, 2020; "Iceland Leads the Way to Women's Equality in the Workplace," *The Economist*, March 4, 2020.
23. OECD, "Saving Rate," https://data.oecd.org/natincome/saving-rate.htm.
24. 薪資差距來自OECD，https://data.oecd.org/earnwage/gender-wage-gap.htm，於二〇二一年九月十九日取得資料。
25. 世界高爾夫官方排名（Official World Golf Ranking），www.owgr.com/ranking；勞力士官方世界女子高爾夫排名（Rolex Women's World Golf Rankings），www.rolexrankings.com/rankings。
26. Randall Mell, "Pak's Influence on Game Immeasurable," *Golf Central blog*, www.golfchannel.com/news/golftalkcentral/paks-influence-game-immeasurable/.

27. Alan Shipnuck, "A Seminal Win at the 1998 U.S. Women's Open Has Triggered Nearly Two Decades of South Korean Dominance on the LPGA Tour," *NCGA Golf*, Summer 2015.

第三章　為什麼運動員要鋌而走險使用禁藥？

1. 馬怪爾自此承認他在職涯中固定使用類固醇，而在二〇〇〇年代初流出一份聲名狼藉的機密名單裡，索沙的名字出現在藥檢陽性的名單上。
2. Benjamin Soloway, "Scandal on the Tour de France," *Foreign Policy*, July 3, 2015.
3. 當然，假使囚犯之間是朋友，並且真的在乎彼此的福祉，他們可能會互相幫忙。然而，考慮到獲勝相對於其他結果的重要性，我所探討的運動員比較接近在經濟模式中的利己主義者。
4. David Walsh, *From Lance to Landis* (Ballantine Books, 2007), 66.
5. Walsh, *From Lance to Landis,* 69.
6. United States Anti-doping Agency, "Report on Proceedings Under the World Anti-doping Code and the USADA Protocol, United States Anti-doping Agency vs. Lance Armstrong," August 24, 2012, www.usada.org/wp-content/uploads/ReasonedDecision.pdf.
7. Dick Marty, Peter Nicholson, and Ulrich Haas, "Cycling Independent Reform Commission, Report to the President of the Union Cycliste Internationale," 2015.
8. 舉例而言，FanGraph 給邦茲一九九八年賽季的「勝場貢獻值」為八．五，與馬怪爾相同，而且遠遠超越索沙的七．一；而 Baseball Reference 則是給邦茲的勝場貢獻值八．一、馬怪爾七．五及索沙六．四。

9. Nate Silver, "Lies, Damned Lies: The Steroid Game," *Baseball Prospectus*, May 7, 2009.

10. 蘇珊・梅西（Suzanne Massie）教了美國前總統隆納・雷根（Ronald Reagan）這句話，而雷根讓這句話出名。這句話在與伊朗二〇一五年的核子協議中重現。參見 Barton Swaim, "'Trust but Verify': An Untrustworthy Political Phrase," *Washington Post,* March 11, 2016.

11. Jennifer Laaser and John Fauber, "Baseball's Drug Testing: Thorough or Easily Thwarted?" *Milwaukee Journal Sentinel*, July 14, 2013, http://archive.jsonline.com/news/health/up-to-20-major-league-players-to-be-suspended-but-not-because-of-stringent-tests-b9939132z1-215413631.html.

12. J. Savulescu, B. Foddy, and M. Clayton, "Why We Should Allow Performance Enhancing Drugs in Sports," *British Journal of Sports Medicine* 38 (2004).

13. 持平而論，正如路易斯聲稱的，該測試可能確實是一個無心使用的案例：導致藥檢陽性的興奮劑含量相對而言較低，以現今的藥檢標準來看，這樣的含量不會被認為高到無法通過藥檢。

14. John Brant, "The Marriage That Led to the Russian Track Team's Olympic Ban," *New York Times Magazine*, June 22, 2016. 主要討論中距離女子選手用藥議題。這篇文章認為，在女子八百公尺的最佳時間中，用藥可以減少至少五秒或四%，四%的時間對一百公尺短跑比賽而言相當於〇・三八秒。有些極不可靠的猜測認為，頂尖的一百公尺短跑選手使用類固醇可再加快〇・二秒。

15. 二〇一八年夏季，新生代美國短跑好手克里斯蒂安・柯爾曼（Christian Coleman）在一百公尺短跑項目中跑出九・七九秒的成績。長期在短跑與藥檢未驗出陽性的選手中，除了閃電波特外最快的一百公尺成績外，是來自千里達及托巴哥好手理查德・湯普森（Richard Thompson）跑出的九・八二秒。

16. Oliver Pickup, "Usain Bolt Denies Using Performance-Enhancing Drugs Ahead of Paris Diamond League

Meeting," *The Telegraph*, July 3, 2013, www.telegraph.co.uk/sport/othersports/athletics/10157145/Usain-Bolt-denies-using-performance-enhancing-drugs-ahead-of-Paris-Diamond-League-meeting.html.

17. 阿姆斯壯否認的語錄，參見 Stephen McMillan, "Lance Armstrong's Doping Denials—in Quotes," *The Guardian*, January 18, 2013, www.theguardian.com/sport/2013/jan/18/lance-armstrong-doping-denials-quotes.

18. Charlie Gillis, "Too Fast to Be Clean: Why the World's Fastest Man Can't Run Clear of Controversy," *Maclean's*, September 1, 2009, www.macleans.ca/society/too-fast-to-be-clean/.

19. 游泳比賽中使用類固醇的紀錄，參見 Donald McRae, "Michael Jamieson: 'Swimming Has a Problem. Microdosing Is a Huge Issue,' " *The Guardian*, January 28, 2018；足球比賽中使用類固醇的紀錄，Ferdinand Dyck, "An Ex-Pro Soccer Player Explains How Easy It Is to Dope," *Vice*, July 6, 2018；滑雪比賽中使用類固醇的紀錄，Gordy Megroz, "Lindsey Vonn and the (Vast) Potential for Doping in Ski Racing," *Outside*, June 5, 2013。

第四章　運動員的身價為什麼如此驚人？

1. U.S. Bureau of Labor Statistics, "Economic News Release," table 1, www.bls.gov/news.release/wkyeng.t01.htm, accessed June 13, 2021

2. MLB from "Scherzer Highest-Paid Player, Red Sox Top Payroll List Again," Associated Press, March 28, 2019; NBA from "2020–21 Player Contracts," Basketball Reference, www.basketball-reference.com/contracts/players.html. 當節錄特定職業工作或運動員的薪資統計數據時，我盡可能選用中位數，因為美國人口普查局在大部分的案例裡都會使用中位數，而且因為中位數可以更了解特定的人，而平均數可能會因為少數的例外就失去意義。

我無法在歐洲足球聯盟中找到薪資中位數，但歐洲足球聯盟薪資的平均數也是以數百萬美元來計算。

3. "Sports List of the Day," December 5, 2011, https://sportslistoftheday.com/2011/12/05/major-league-baseballs-average-salaries-1964-2010/. 一九六〇年代只能取得薪資的平均數（而不是中位數），因此我只能根據「體育薪資平均數通常高於中位數」來提供上限。
4. United States Census Bureau, "Current Population Reports: Consumer Income," September 24, 1965, www2.census.gov/prod2/popscan/p60-047.pdf, accessed June 13, 2021.
5. Jabari Young, "Major League Baseball Revenue for 2019 Season Hits a Record $10.7 Billion," CNBC; James Wagner, "M.L.B. Extends TV Deal with Fox Sports Through 2028," November 15, 2018; Maury Brown, "MLB Sees Record Revenues of $10.3 Billion for 2018," January 7, 2019, Forbes.com.
6. Shalini Ramachandran, "MLB's Streaming-Tech Unit Goes Pro," *Wall Street Journal*, February 23, 2015.
7. Dave Cameron, "Big Ticket Signings Don't Drive Attendance," FanGraphs.com, December 9, 2011.
8. Gerald W. Scully, "Pay and Performance in Major League Baseball," *American Economic Review* 64 (1971); Henry Aaron Baseball Reference page，於二〇二〇年十二月十四日取得資料。
9. Matt Swartz, "The Recent History of Free Agent Signings," FanGraphs.com, July 11, 2017.
10. Michael Haupert, "MLB's Annual Salary Leaders Since 1874," Society for American Baseball Research, http://sabr.org/research/mlbs-annual-salary-leaders-1874-2012.
11. Marc Topkin, "Tommy Pham Wins Arbitration Case over Rays, Gets $4.1M," *Tampa Bay Times*, February 5, 2019.
12. Sherwin Rosen and Allen Sanderson, "Labour Markets in Professional Sports," *Economic Journal* 111 (2001).

13. Hayley C. Cuccinello, "The World's Highest-Paid Comedians of 2018," Forbes.com, December 19, 2018.
14. *Federal Baseball Club v. National League*, 259 U.S. 200 (1922).
15. Simon Rottenberg, "The Baseball Players' Labor Market," *Journal of Political Economy* 64 (1956).
16. Haupert, "MLB's Annual Salary Leaders Since 1874."
17. Emmanuel Saez, "Income and Wealth Inequality: Evidence and Policy Implications," Neubauer Collegium Lecture, University of Chicago, 2014.
18. Kevin J. Murphy, "Executive Compensation: Where We Are, and How We Got Here," in *Handbook of the Economics of Finance*, edited by George M. Constantinides, Milton Harris, and Rene M. Stulz (Elsevier, 2013).
19. Steven N. Kaplan and Joshua Rauh, "It's the Market: The Broad-Based Rise in the Return to Top Talent," *Journal of Economics Perspectives* (2013).
20. Benjamin Kabak, "The Economics of Yankee Tickets," River Avenue Blues, March 14, 2008, http://riveraveblues.com/2008/03/the-economics-of-yankee-tickets-2327/.
21. "New York Yankee Suites," Suite Experience Group, www.suiteexperiencegroup.com/all-suites/mlb/new-york-yankees/, accessed May 24, 2019.
22. Tadd Haislop, "Patrick Mahomes Contract Details: Here's How Much Guaranteed Money Chiefs QB Will Make in 'Half-Billion' Dollar Deal," *Sporting News*, September 10, 2020.
23. Debra Bell, "*US News* Questioned Football's Future Nearly 45 Years Ago," *US News and World Report*, February 1, 2013.

24. 我是因為馬霍姆斯拿下高額合約才用他作為範例，他為保險公司拍廣告只是一個運氣好的巧合。

25. Dave Cameron, “Big Ticket Signings Don’t Drive Attendance,” FanGraphs.com, December 9, 2011; Craig Edwards, “Mike Trout Leaves Money on the Table Again,” FanGraphs.com, March 19, 2019.

26. Ross Tucker, “No Guarantees in the NFL,” July 6, 2016, www.sportsonearth.com/article/188169010/guaranteed-contracts-will-not-work-nfl.

27. 我的重點放在棒球和足球，因為其合約形式位於風險與激勵誘因光譜的相反兩端。籃球合約看起來更接近職棒大聯盟合約，因為它們是完全保障的合約，但由於NBA及其球員工會之間的勞資協議安排所施加的限制，導致NBA的合約比最長的職棒大聯盟合約來得短。國家冰上曲棍球聯盟合約往往也是完全保障，且可以是長期合約。運動員「偷懶」的經典研究是 Kenneth Lehn, “Property Rights, Risk Sharing and Player Disability in Major League Baseball,” *Journal of Law and Economics* 25 (1982)。其他棒球研究發現較少的道德風險，包含 Anthony C. Krautmann, “Shirking or Stochastic Productivity in Major League Baseball?” *Southern Economic Journal* 56 (1990)。足球相關的研究，參見 Bernard Frick, “Performance, Salaries, and Contract Length: Empirical Evidence from German Soccer,” *International Journal of Sport Finance* 6 (2011)；NBA相關的研究，參見 David J. Berri and Anthony C. Krautmann, “Shirking on the Court: Testing for the Incentive Effects of Guaranteed Pay,” *Economic Inquiry* 44 (2006)。

28. 這個估計是比較二〇一一年到二〇一二年停擺且縮短的賽季中實際的NBA獲利，以及二〇一〇年到二〇一一年和二〇一二年到二〇一三年賽季NBA獲利的平均值。參見 “National Basketball Association Total League Revenue from 2001/02 to 2019/20,” Statista.com, www.statista.com/statistics/193467/total-league-revenue-of-the-nba-since-2005/，資料於二〇二一年六月八日取得。另一個估計數字則是來自《富比士》雜誌，估計NBA和球員總共損失八億美元。參見Patrick Rishe, "NBA Lockout Costs League $800 Million . . . and Counting; Players Justified to Fight in Courts," Forbes.com, November 16, 2011.

第五章 如何決定把球踢向哪一邊？

1. 如果在踢球方加上直線射門選項，以及守門方加上不撲球的選項，就會讓情況更加複雜，但是邏輯仍舊一模一樣。
2. 右腳球員習慣瞄準左邊，而左邊也的確是右腳球員一向較有把握的賭注；對左腳球員而言，反之亦然。
3. Ignacio Palacios-Huerta, "Professionals Play Minimax," *Review of Economic Studies* 70 (2003): 395-415.
4. 與其說是三分之一，其實只有三〇%的時間——對我來說已經夠接近了，尤其這個三分之一的最佳比例是我有點任意得出的數字。
5. 我在自己的情況中並未使用這個範例，因為我每一次發球都是瞄準發球區中間的落點（近身球），讓整體的不準確性產生隨機策略。
6. Mark Walker and John Wooders, "Minimax Play at Wimbledon," *American Economic Review* 91, no. 5 (2001): 1521-1538.
7. Shih-Hsun Hsu, Chen-Ying Huang, and Cheng-Tao Tang, "Minimax Play at Wimbledon: Comment," *American Economic Review* 97, no. 1 (2007): 517-523.
8. 表揚一下敏銳的讀者，發現我在發球上網的戰術中使用的碼錶方法，其實會帶出少量的序列相依性（serial dependence）。一個真正隨機的戰術會讓我在每十分內**平均**發球上網三次，但碼錶的方式表示，我在每十分內發球上網的次數是**不多不少精準**的三次。

9. Axel Anderson, Jeremy Rosen, John Rust, Kin-Ping Wong, "Disequilibrium Plan in Tennis," working paper, February 2021.
10. Neil Paine, "Game Theory Says R. A. Dickey Should Throw More Knuckleballs," FiveThirtyEight.com, August 13, 2015.
11. Matt Swartz, "Bayes at the Plate: Game Theory and Pitch Selection," 2013 SABR Analytics Conference Presentation, http://sabr.org/latest/2013-sabr-analytics-conference-research-presentations, accessed July 3, 2014. 於二〇一四年七月十三日與史瓦茲的訪談。
12. Mike Matheny, "Calling Pitches," blog post, www.mikematheny.com/mikes-blog/calling-pitches, accessed July 5, 2014.

第六章　體育界的歧視如何影響運動員？

1. Alexander Wolff, "The NFL's Jackie Robinson," *Sports Illustrated*, October 12, 2009.
2. Timothy Burke, "Your Complete Quotable Guide to Decades of Donald Sterling's Racism," *Deadspin*, April 26, 2014.
3. 統計歧視造成的問題，參見 Mike Baker and Nicholas Bogel-Burroughs, "How a Common Air Freshener Can Result in a High-Stakes Traffic Stop," *New York Times*, April 17, 2021 中利害關係極高的案例。
4. Joseph Price and Justin Wolfers, "Racial Discrimination Among NBA Referees," *Quarterly Journal of Economics* 125 (2010): 1859–1887.

5. Jerry Zgoda and Dennis Brackin, "Timberwolves: Pale in Comparison to Rest of NBA," *Minneapolis Star Tribune*, October 28, 2012.
6. Howard Sinker, "Recalling Calvin Griffith's Bigoted Outburst in Southern Minnesota," *Minneapolis Star Tribune*, April 30, 2014.
7. *Hang Up and Listen* podcast, "The Major League Baseball Needs to Reckon with the Negro Leagues Edition," August 17, 2020.
8. "1965 NBA All-Star Game," Basketball Reference, www.basketball-reference.com/allstar/NBA_1965.html, accessed June 10, 2021; "1975 All-Star Game Voting," Basketball Reference, www.basketball-reference.com/allstar/NBA_1975_voting.html, accessed June 10, 2021; 一九五四年到一九七〇年，黑人球員的成長，Gerald W. Scully, "Economic Discrimination in Professional Sports," *Law and Contemporary Problems* 38 (1973): 67–84.
9. Scully, "Economic Discrimination in Professional Sports"; Lawrence M. Kahn and Peter D. Sherer, "Racial Differences in Professional Basketball Players' Compensation," *Journal of Labor Economics* 6 (1988): 40–61; Lawrence M. Kahn, "The Sports Business as a Labor Market Laboratory," *Journal of Economic Perspectives* 14 (2000): 75–94.
10. Mark T. Kanazawa and Jonas P. Funk, "Racial Discrimination in Professional Basketball: Evidence from Nielsen Ratings," *Economic Inquiry* 39 (2001): 599–608.
11. Frank Newport, "In U.S., 87% Approve of Black-White Marriage, vs. 4% in 1958," Gallup.com, July 25, 2013.
12. Ha Hoang and Daniel A. Rascher, "The NBA, Exit Discrimination, and Career Earnings," *Industrial Relations: A Journal of Economy and Society* 31 (1999): 69–91; Peter A. Groothuis and J. Richard Hill, "Exit

Discrimination in the NBA: A Duration Analysis of Career Length," *Economic Inquiry* 42 (2004): 341-349.

13. Stefan Szymanski, "A Market Test for Discrimination in the English Professional Soccer Leagues," *Journal of Political Economy* 108 (2000): 590-603.

14. 例如，棕熊隊球迷的反應：二〇一四年季後賽，蒙特婁加拿大人隊（Montreal Canadiens）的明星防守後衛佩內爾－卡爾．西爾維斯特．蘇賓（Pernell-Karl Sylvester Subban）在延長賽中拿下一分，棕熊隊因此輸球。棕熊隊支持者在蘇賓拿下那一分後的數個小時內，在推特上將蘇賓的名字及「那個N開頭的詞」連用超過一萬七千次。"P. K. Subban Targeted by Racist Tweets After Habs Win," CBC News, May 2, 2014.

15. Philip Authier, "The Dream of Independence Lives on in a New Generation," *Montreal Gazette*, October 24, 2020.

16. Marc Lavoie, Gilles Grenier, and Serge Coulombe, "Discrimination and Performance Differentials in the National Hockey League," *Canadian Public Policy* 13 (1987): 407-422.

17. W. Bentley MacLeod, "Optimal Contracting with Subjective Evaluation," *American Economic Review* 93 (2003): 216-240.

18. Alan Schwarz, "Study of NBA Sees Racial Bias in Calling Fouls," *New York Times*, May 2, 2007, A1.

19. Devin G. Pope, Joseph Price, and Justin Wolfers, "Awareness Reduces Racial Bias," *Management Science* 64 (2018): 4988-4995; "Ref, You Suck!" *Against the Rules with Michael Lewis* podcast, April 2, 2019.

20. 在此必須區別「非裔美國人」（或者更精確地說，是在美國出生，有非洲血統的非裔美國人），而不是「黑人」，因為有許多大聯盟的非裔後代是在拉丁美洲出生。

21. 整體而言，職棒大聯盟同樣只有少數黑人球員：二〇二一年大聯盟有七％的球員是黑人，比一九八一年的一九％

還少。Brandon Jones, "73 Years After Robinson Broke Barrier, Baseball Still Struggles," *Cronkite News*, January 6, 2021; Earl Smith and Marissa Kiss, "Why Are There So Few Black American Players in MLB 74 Years After Jackie Robinson Took the Field?" *Philadelphia Inquirer*, April 1, 2021.

22. 芝加哥大學社會概況調查，http://www3.norc.org/GSS+Website/，從主題索引中選擇「白人」（whites）與「黑人」（blacks）。

23. Richard L. Harris, "For Campanis, a Night That Lived in Infamy," *Los Angeles Times*, August 5, 2008.

24. "Key Events in Marge Schott's Tenure as Owner of Cincinnati Reds," Associated Press, June 12, 1996.

25. Marc H. Morial, "Black Quarterbacks Leading More Teams in the NFL," *Huffington Post*, September 30, 2013.

26. Samuel G. Freedman, "The Year of the Black Quarterback," *New Yorker* website, January 30, 2014.

27. Roland Laird, "White Up the Middle: How Pro Football Changed the American Racial Psyche," PopMatters, January 19, 2011; Jason Reid and Jane McManus, "The NFL's Racial Divide," *The Undefeated*, April 26, 2017.

28. Kurt Badenhausen, "Highest-Paid Female Athletes 2020: 50 Years After Creation of Women's Tour, Tennis Dominates Earnings List," Forbes.com, August 17, 2020.

29. Lawrence M. Kahn, "Discrimination in Professional Sports: A Survey of the Literature," *Industrial and Labor Relations Review* 44 (1991): 395–418.

30. Kamakshi Tandon, "US Open Ratings Increase with Big Numbers During Chaotic Woman's Final," Tennis.com, September 11, 2018.

31. John J. Donohue III and James Heckman, "Continuous Versus Episodic Change: The Impact of Civil Rights

Policy on the Economic Status of Blacks," *Journal of Economic Literature* 29 (1991): 1603–1643.

第七章　賣票黃牛會讓世界更美好?!

1. 史帝芬斯的語錄，引述自於二〇一四年八月十四日其與作者的訪談。
2. "Tickets to the Colosseum," www.tribunesandtriumphs.org/colosseum/tickets-to-the-colosseum.htm.
3. Pascal Courty, "Some Economics of Ticket Resale," *Journal of Economic Perspectives* 17 (2003): 85–97.
4. Jim Armstrong, "Legal Scalping of Bruins Stanley Cup Tickets," CBS Boston, May 31, 2011, http://boston.cbslocal.com/2011/05/31/legal-scalping-of-bruins-stanley-cuptickets/.
5. Phillip Leslie and Alan Sorensen, "Resale and Rent-Seeking: An Application to Ticket Markets," *Review of Economic Studies* 81 (2014): 266–300.
6. Andrew Sweeting, "Dynamic Pricing Behavior in Perishable Goods Markets: Evidence from Secondary Markets for Major League Baseball Tickets," *Journal of Political Economy* 120 (2012): 1133–1172.
7. Ken Belson, "As Economy Sagged, Online Sports Ticket Market Soared," *New York Times*, January 14, 2011.
8. Adam Davidson, "How Much Is Michael Bolton Worth to You?" *New York Times*, June 4, 2013.
9. See, e.g., Patrick Rishe, "Dynamic Pricing: The Future of Ticket Pricing in Sports," Forbes.com, January 6, 2012.
10. Ameet Sachdev, "Baseball Teams Get Dynamic with Pricing," *Chicago Tribune*, May 12, 2013, http://articles.chicagotribune.com/2013-05-12/business/ct-biz-0512-stub-hub-20130512_1_stubhub-bleacher-ticket-

ticket-reselling.

11. 巨人隊總裁暨執行長拉里．貝爾（Larry Baer）的語錄，引述自其與作者於二〇一一年四月十八日的電子郵件往來。
12. 門票收入資料取自 statistica.com。
13. 對職棒大聯盟而言，讓場館滿座比較是一個問題，因為平均只會達到三分之二滿座。NBA、NFL 與國家冰上曲棍球聯盟，因為場館較小或每個賽季裡的球賽較少，因此票券通常會售罄或幾乎賣光。
14. 我在此影射一個經濟學家都很了解的理論，諾貝爾獎得主貝克率先主張這個理論，認為他和妻子會願意在一家當地的海鮮餐廳排隊，即使對街上就有另一家差不多但較沒有這麼多人的餐廳，因為他們（及其他人）想要經常光顧獲得社會認可的企業。Gary S. Becker, "A Note on Restaurant Pricing and Other Examples of Social Influences on Price," *Journal of Political Economy* 99 (1991): 1109-1116.
15. 這是許多情境喜劇笑點及真實生活中分手的前兆。
16. Chris Sagers, "Why Fans Can't Win When It Comes to Buying Concert, Game Tickets," Cleveland.com, October 24, 2014.
17. Christopher Connors, "New York Yankees: The Rich and Poor Seating Divide at Yankee Stadium," Bleacherreport.com, September 21, 2012.
18. Tom Ley, "Yankees COO Defends New Ticketing Policy Like a True Rich Asshole," *Deadspin,* February 18, 2016.
19. Caleb Garling, "MLB Puts Squeeze on Sneaky Fans with App," sfgate.com, March 16, 2013.

第八章　我們該支持國家舉辦奧運嗎？

1. Richard Orange, "Berlusconi Lavishes Praise on 'Absolutely Justifiably Loved' Kazakh Leader," *The Telegraph*, December 2, 2010; Robert Mendick, "Tony Blair's Five-Million Pound Deal to Advise Kazakh Dictator," *The Telegraph*, April 23, 2016; thefamouspeople.com 上的傳記，網站資料於二〇一六年六月十一日取得；C. J. Chivers, "Kazakh President Re-elected; Voting Flawed, Observers Say," *New York Times*, December 6, 2005; Victor Mather, "2022 Winter Games Vote Down to Two Cities and Some Major Concerns," *New York Times*, July 29, 2015; Paul Bartlett, "Disappointment for Almaty as Winter Olympics Go to Beijing," Eurasianet.org, July 31, 2015; Nadezhda Khamitova, "Almaty to Bid to Host 2022 Winter Olympics," *Astana Times*, August 21, 2013.
2. Jules Boykoff, "Beijing and Almaty Contest Winter Olympics in Human Rights Nightmare," *The Guardian*, July 30, 2015, www.theguardian.com/sport/2015/jul/30/china-kazakhstan-winter-olympics-2022.
3. "Stockholm Drops Its Bid to Host the 2022 Winter Olympic Games," BBC, January 17, 2014; "Krakow Withdraws 2022 Winter Olympics Bid," Associated Press, May 26, 2014; "Ukraine Withdraws Bid for 2022 Winter Olympics," Associated Press, June 30, 2014.
4. Alan S. Blinder, *Hard Hearts, Soft Heads* (Perseus Books, 1988), 1.
5. John Siegfried and Andrew Zimbalist, "The Economics of Sports Facilities and Their Communities," *Journal of Economic Perspectives* 14 (2000): 103.
6. Joshua Yaffa, "The Waste and Corruption of Vladimir Putin's 2014 Winter Olympics," *Bloomberg Business-*

week, January 2, 2014.

7. Alice Ollstein, "Scott Walker to Cut $300 Million from Universities, Spend $500 Million on a Pro Basketball Stadium," thinkprogress.org, February 2, 2015; Michael Powell, "Bucks' Owners Win, at Wisconsin's Expense," *New York Times*, August 14, 2015; "Walker Signs Bill to Fund New Milwaukee Bucks Arena," WMTV Milwaukee, August 12, 2015; Don Walker, "Milwaukee Bucks Dramatically Expanding Ownership Group," *Milwaukee Journal Sentinel*, October 16, 2014; Bruce Murphy, "Cost for Taxpayers in Latest Bucks' Deal?" urbanmilwaukee.com, July 23, 2015.
8. John Duerden, "How Qatar Is Trying to Build a Team to Qualify for 2018 World Cup," ESPN.com, January 10, 2015, www.espn.com/soccer/club/name/4398/blog/post/2184455/headline.
9. Aaron Schacter, "Why Does Qatar Even Want to Host the World Cup?" Public Radio International's *The World*, June 12, 2015.
10. "Olympics 2012: A Spectacular Triumph for London," CNN, August 12, 2012, www.cnn.com/2012/08/12/opinion/hooper-london-triumph/index.html; "London 2012: How the World Saw the Olympic Games," BBC News, August 13, 2012, www.bbc.com/news/uk-politics-19238284.
11. 倫敦主辦奧運的總花費是一百四十億美元。
12. 金州第一中心資料來源：Max Resnik, "Report: Sacramento Sees Economic Boost Thanks to Golden 1 Center," KCRA-TV, October 17, 2017; Downtown Sacramento Partnership, "Golden 1 Center Fact Sheet," 二〇一八年十一月十三日，自 www.downtownsac.org/about/reports/golden-1-center-creates-economic-spark/ 下載；Dale Kasler, "Cost of Building Golden 1 Center Just Went Up Again," *Sacramento Bee*, November

29, 2016. 阿靈頓棒球場資料來源：Mac Engel, "Price of New Rangers Stadium Up $200 Million; New Ticket Prices and Seat Relocation Coming," *Fort Worth Star-Telegram*, October 10, 2018.

13. 先前的研究細節，參見 Andrew Zimbalist, *Circus Maximus* (Washington, D.C.: Brookings Institution Press, 2015).

14. Paul Hirsch, "Walter O'Malley Was Right," SABR.org, accessed June 11, 2021; Gary Jeanfaivre, "Why the Whalers Left Connecticut, and Why It's Important Now," Patch.com, January 14, 2014; John Royal, "It Was Bud Adams, Not the Fans, Who Caused the Oilers Move to Nashville," *Houston Press*, February 6, 2017.

15. Roger G. Noll and Andrew Zimbalist, "Build the Stadium—Create the Jobs!" in *Sports, Jobs, and Taxes: The Economic Impact of Sports Teams and Stadiums*, edited by Roger G. Noll and Andrew Zimbalist (Washington, D.C.: Brookings Institution Press, 1997), 29.

16. Paul Dolan, Georgios Kavetsos, Christian Krekel, Dimitris Mavridis, Robert Metcalfe, Claudia Senik, Stefan Szymanski, and Nicolas R. Ziebarth, "Quantifying the Intangible Impact of the Olympics Using Subjective Well-Being Data," *Journal of Public Economics* 177 (2019).

17. 四九人隊位於聖塔克拉拉（Santa Clara）的新場館，也是由選民同意建造，但是明確規定該建案不能花費任何公共基金。參見喬治亞州立大學體育與都市政策中心所提供關於公帑興建場館的資料，https://education.gsu.edu/kh/khresearchoutreach/center-for-sport-and-urban-policy/#stadiatrack，網站資料於二〇二一年六月十一日取得。

18. Charlotte Arena: "Bobcats Unveil $265M Downtown Charlotte Arena," Associated Press, October 19, 2005. Braves Stadium: Patricia Murphy, "Tea Party Strikes Out Against the Atlanta Braves," *Daily Beast*, November 27, 2013; Tom Ley, "Braves President: Stadium Deal Had to Be Done in Secret," *Deadspin*, May 27, 2014;

Matthew Pearl, "Braves President: Cobb Deal Had to Be Kept Under Wraps," 11Alive, May 22, 2014.
19. Ken Belson, "Stadium Boom Deepens Municipal Woes," *New York Times*, December 24, 2009; see also Eric Roper, "Taxes to Pay for Now-Open U.S. Bank Stadium Rebound, Thanks to Gamblers," *Minneapolis Star Tribune*, July 22, 2016.
20. 當然，有人會表示之所以如此的協議在柯布郡與辛辛那提並非違法的貪汙，只是因為美國政治很怪異。

第九章　誰是運動博弈的真正贏家？

1. Charles Curtis, "A Missed Late PAT from Browns' Cody Parkey Was a Horrible Bad Beat for Bettors," *USA Today*, October 26, 2020.
2. Todd Dewey, "Las Vegas Sportsbooks Suffer Worst Sunday of NFL Season," *Las Vegas Review-Journal*, October 25, 2020.
3. 有些年不太一樣，因為大部分的人似乎的確對新英格蘭愛國者隊（New England Patriots）、布雷迪，或許還有牛仔隊抱持著強烈的情感。
4. Thomas Johnson, "Rory McIlroy's Father Wins $171,000 Bet on His Son to Win the British Open," *Washington Post*, July 21, 2014.
5. New York State Gaming Commission, "New York State Racetracks and Applicable Takeout Rates," www.gaming.ny.gov/pdf/NYSTakeoutRates0417.pdf.
6. Sam Walker, "The Man Who Shook Up Vegas," *Wall Street Journal*, January 5, 2007.

7. 史托爾使用星級評價系統指定比賽的星等，他越有信心的比賽就會拿到越多星，藉由將四星級比賽的權重加得比二星級比賽重來計算勝率。不過就算使用更傳統、更直截了當的輸贏計算方式，還是會在史托爾的投注精選名單中產生非比尋常的高勝率。

8. Nino Bucci, "Former Junior Tennis Champion Oliver Anderson Avoids Conviction After Pleading Guilty to Match-Fixing," *Sydney Morning Herald*, May 23, 2017.

9. Justin Wolfers, "Point Shaving: Corruption in NCAA Basketball," *American Economic Review Papers and Proceedings*, May 2006, 279–283; Richard Borghesi, "A Case Study in Sports Law Analytics: The Debate on Widespread Point Shaving," *Journal of Sports Analytics* 1, no. 2 (2015): 87–89; "The Most Notorious Sports Betting Scandals of All Time," SportsHandle.com, n.d., accessed December 14, 2020.

10. Jessica Dickler, "March Madness Takes a Toll on Productivity," CNBC.com, March 18, 2018.

11. A. Blaszczynski and E. Farrell, "A Case Series of 44 Completed Gambling Related Suicides," *Journal of Gambling Studies* 14 (1998).

12. Martin Young, Bruce Doran, and Francis Markham, "Too Close to Home: People Who Live Near Pokie Venues at Risk," The Conversation, December 5, 2013.

13. Linette Lai, "New Rules on Advance Payment of Entry Levies from August," *Straits Times*, April 4, 2019.

14. Danson Cheong and Melissa Lin, "Online Betting to Be Allowed in Next Two Months via Singapore Pools, Singapore Turf Club," *If Only Singaporeans Stopped to Think* blog, September 30, 2016.

謝辭

大衛（我的兒子，第一章的小聯盟球賽英雄，也是第五章中我的桌球對手）是本書的主要功臣，他在研究、草稿及校訂幾篇章節提供莫大的協助，我們討論（也爭論）許多本書中關於運動與經濟學方面的論點。自從我在大衛四歲時帶他去康明斯基公園（Comiskey Park）後，就一直很開心能和他一起體驗運動的喜悅，無論是作為球迷或參與者。在他的成長過程裡，我們參與許多史丹佛的運動賽事、運動家隊的球賽，以及無數的小聯盟和其他比賽。現在他長大了，我們不像以往那樣頻繁地參與賽事，但他仍會固定傳訊息給我，讓我知道運動家隊的最新消息，還有其他體育相關的主題，我也很開心能收到這些訊息。如果沒有大衛，撰寫本書的日子會很不一樣，與他共度的時光讓進行本書的研究更有趣。

我也與女兒璐西・歐耶爾（Lucy Oyer）共度許多從事體育，或觀賞體育賽事的愉悅時光，雖然我擔任教練指導她棒球與足球的那些年，並未讓她成為運動明星，但是她最後主修經濟學，也似乎讓她的非體育人職涯有完善的準備。

妻子凱瑟琳・史通納（Kathryn Stoner）一直陪在我身旁，是我在研究這個專案過程裡快樂的泉源。她總是鼓勵我，也讓我每天都覺得何其幸運。她也懂得一點經濟學，而且儘管有許多傷勢，卻還是在運動世界中保持健康狀態。

謝謝我的繼子女艾比・懷斯（Abby Weiss）和亞當・懷斯（Adam Weiss），感謝他們在這個專案的過程中點亮了整個家，他們認真追求運動員之路，也希望他們學到一點經濟學。

比爾・福克特（Bill Frucht）是很棒的編輯，我很享受我們之間對於本書的對話，即使這些對話會無可避免地變成哀悼大都會隊的現況。福克特極有耐心（太有耐心了！），而且除了對本書的整體架構有獨到見解外，也非常細心。講到耐心，我的經紀人柔依・帕格那曼塔（Zoe Pagnamenta）教會我如何形塑一本書，也謝謝阿迪拉協助處理書中的圖表。

我有許多經濟學同事，一些在史丹佛，一些專注於自身的職業，他們都教我許多關於經濟學的事物，也參與許多關於體育的討論。其中有兩位特別值得提出：我的好友與共同作者史考特・薛佛（Scott Schaefer），在二十五年多來影響我的經濟學思想，更具體地說，是在第四章提出美式足球與棒球選手之間的關鍵差異；在過去數十年間，艾德・拉齊爾（Ed Lazear）也透過研討會、一同撰寫論文，以及傳統對學術的追求，讓我變成更好的經濟學家，但我們也會花費無數的時間討論體育（不論是否提到潛藏在體育中的經濟學），有時是在滑雪或觀看美式足球賽時討論。遺憾的是，艾德在這個專案後期與世長辭。

忠心的平毛獵犬喬西，在整個專案裡一直陪伴在我身旁，包含第五章提及的桌球比賽時也在旁觀看。牠是很棒的運動員，也是工作中最佳的分心事物，儘管牠的經濟學知識一直都不太好。令人難過的是，在寫完本書時喬西過世了，而牠的妹妹菲比也帶給全家許多歡樂。

最後，我想感謝已故的母親愛麗絲・歐耶爾（Alice Oyer），謝謝她給予我超過四十年的支持，也感謝父親卡爾文・歐耶爾（Calvin Oyer），謝謝他在我年幼時陪我運動、帶我去球賽，但從不做過頭。他們都不太懂經濟學，卻為我奠定成就本書及其他學術領域的基礎。

新商業周刊叢書BW0803

運動場上學到的9堂經濟學

史丹佛教授剖析球星身價、球場黃牛、運動簽賭背後的市場法則

原文書名／An Economist Goes to the Game: How to Throw Away $580 Million and Other Surprising Insights from the Economics of Sports
作　　者／保羅・歐耶爾（Paul Oyer）
譯　　者／張明心
企劃選書／黃鈺雯
責任編輯／黃鈺雯
版　　權／吳亭儀、林易萱、江欣瑜、顏慧儀
行銷業務／周佑潔、林秀津、黃崇華、賴正祐

國家圖書館出版品預行編目(CIP)數據

運動場上學到的9堂經濟學：史丹佛教授剖析球星身價、球場黃牛、運動簽賭背後的市場法則/保羅.歐耶爾(Paul Oyer)著；張明心譯. -- 初版. -- 臺北市：商周出版：英屬蓋曼群島商家庭傳媒股份有限公司城邦分公司發行, 民111.07
面；　公分. --(新商業周刊叢書；BW0803)
譯自：An economist goes to the game : how to throw away $580 Million and Other Surprising Insights from the Economics of Sports

ISBN 978-626-318-327-8(平裝)

1.CST: 運動 2.CST: 經濟學

528.901　　111008778

總 編 輯／陳美靜
總 經 理／彭之琬
事業群總經理／黃淑貞
發 行 人／何飛鵬
法律顧問／台英國際商務法律事務所
出　　版／商周出版　臺北市中山區民生東路二段141號9樓
電話：(02)2500-7008　傳真：(02)2500-7759
E-mail：bwp.service@cite.com.tw
發　　行／英屬蓋曼群島商家庭傳媒股份有限公司　城邦分公司
台北市104民生東路二段141號2樓
電話：(02)2500-0888　傳真：(02)2500-1938
讀者服務專線：0800-020-299　24小時傳真服務：(02)2517-0999
讀者服務信箱：service@readingclub.com.tw
劃撥帳號：19833503
戶名：英屬蓋曼群島商家庭傳媒股份有限公司城邦分公司
香港發行所／城邦(香港)出版集團有限公司
香港灣仔駱克道193號東超商業中心1樓
電話：(825)2508-6231　傳真：(852)2578-9337
E-mail：hkcite@biznetvigator.com
馬新發行所／城邦(馬新)出版集團
Cite (M) Sdn Bhd
41, Jalan Radin Anum, Bandar Baru Sri Petaling,
57000 Kuala Lumpur, Malaysia.
電話：(603)9057-8822　傳真：(603)9057-6622　email: cite@cite.com.my

封面設計／萬勝安　內文設計暨排版／無私設計・洪偉傑　印　刷／韋懋實業有限公司
經 銷 商／聯合發行股份有限公司　電話：(02)2917-8022　傳真：(02) 2911-0053
地址：新北市231新店區寶橋路235巷6弄6號2樓

ISBN／978-626-318-327-8（紙本）978-626-318-331-5（EPUB）
定價／400元（紙本）280元（EPUB）

2022年（民111年）7月初版

城邦讀書花園
www.cite.com.tw